陶行知教育思想研究新视野丛书

U1008462

陶行知劳动教育思想研究

——“五育融合”的视角

董美英 宁本涛 著

张策华 主编

河海大學出版社
HOHAI UNIVERSITY PRESS
·南京·

图书在版编目(CIP)数据

陶行知劳动教育思想研究 ："五育融合"的视角 / 董美英，宁本涛著. -- 南京 ：河海大学出版社，2022.12(2023.10 重印)
(陶行知教育思想研究新视野丛书 / 张策华主编)
ISBN 978-7-5630-7870-7

Ⅰ. ①陶… Ⅱ. ①董… ②宁… Ⅲ. ①陶行知(1891—1946)—劳动教育—教育思想—文集 Ⅳ. ①G40—092.6

中国版本图书馆 CIP 数据核字(2022)第 239153 号

书　　名　陶行知劳动教育思想研究——"五育融合"的视角
书　　号　ISBN 978-7-5630-7870-7
责任编辑　杜文渊
特约校对　李　浪　杜彩平
封面设计　秦永诚
出版发行　河海大学出版社
地　　址　南京市西康路 1 号(邮编:210098)
电　　话　(025)83737852(总编室)
　　　　　(025)83722833(营销部)
经　　销　江苏省新华发行集团有限公司
排　　版　南京布克文化发展有限公司
印　　刷　广东虎彩云印刷有限公司
开　　本　718 毫米×1000 毫米　1/16
印　　张　11.25
字　　数　185 千字
版　　次　2022 年 12 月第 1 版
印　　次　2023 年 10 月第 3 次印刷
定　　价　49.80 元

序

值此纪念陶行知先生130周年诞辰之际，欣闻南京晓庄学院陶行知研究院编著的“陶行知教育思想研究新视野丛书”即将付梓面世，我谨致以学术上的热烈祝贺！

南京晓庄学院是全国知名的“师范特色”应用型高校。学校前身是始于1927年3月由陶行知创办并任校长的晓庄试验乡村师范学校，蔡元培、陈鹤琴、赵叔愚等一批我国近代著名教育家曾于此执教。这里是中国乡村教育运动的试验场，是陶行知“生活教育”理论的发源地。2000年3月，南京师范专科学校、南京教育学院、南京晓庄师范学校合并组建成为全日制公办本科院校；2016年8月，南京幼儿高等师范学校也并入其中。建校90多年来，学校为社会培养输送了近10万名基础教育师资和社会急需的各类专门人才，其间涌现了数百名中小学特级教师和教学名师，被誉为“中小学教师的摇篮”。

研究、实践陶行知教育思想是晓庄发展的历史根基和教育传统。作为以教师教育为办学主体的地方本科高校，学校长期坚持以“大力弘扬陶行知教育思想、传承‘培养百万乡村教师’宏愿”为己任，形成了以“教学做合一”为校训、以“教人求真，学做真人”为校风的特色教育文化，建构了以培育创新意识和实践能力为目标、以“教学做合一”为特征的“以陶育人”的“晓庄模式”。学校开发了以“拜谒一次陶墓、参观一次陶馆、阅读一本陶著、观看一部陶行知影视剧、聆听一次关于陶行知的学术讲座、抒写一篇学陶师陶心得”为主要内容的系列师德教育课程，探索形成了以“坚定理想信念、厚植爱国情怀、传承大爱精神、铸造高尚师魂”为价值追求的师德教育模式。

赓续、弘扬陶行知教育思想是新时代学校事业高质量发展的重要路径。陶行知是我国近现代教育史上的一位“大先生”，毛泽东称他为“伟大的人民教育家”，宋庆龄赞其为“万世师表”。习近平总书记在关于教育的许多重要论述中，多次引用陶行知的教育名言。2021年3月6日，习近平总书记在看望参加全国政协十三届四次会议的医药卫生界、教育界委员时指出，要继承发扬老一辈教育工作者"捧着一颗心来，不带半根草去"的精神，以赤诚之心、奉献之心、仁爱之心投身教育事业。2021 年 4 月 19 日，习近平总书记在考察清华大学时强调："教师要成为大先生，做学生为学、为事、为人的示范，促进学生成长为全面发展的人。"陶行知教育思想历久弥新，晓庄通过凝练研究方向、汇聚研究队伍、搭建研究平台等举措，进一步梳理总结新时代学陶、研陶、师陶的新经验。

2021 年 10 月 18 日是陶行知 130 周年诞辰纪念日。学校组织开展了以"陶行知教育思想的传承和创新"为主题的系列研讨活动，形成了诸多学术成果。陶行知研究院以纪念陶行知诞辰 130 周年为契机，以深化陶行知教育思想研究为目的，组织编著了"陶行知教育思想研究新视野丛书"。丛书包括《陶行知乡村教育思想与新时代乡村教育改革》(张济洲著)、《陶行知美育思想研究》(杨冰、周红著)、《陶行知劳动教育思想研究——"五育融合"的视角》(董美英、宁本涛著)、《陶行知德育思想新论——现代性的视域》(徐莹晖著)、《陶行知研究与生活教育新视野》(中国陶行知研究会、南京晓庄学院《生活教育》编辑部编)。创建陶行知研究特色，打造陶行知研究高地，是我校的历史责任和时代使命。面对"努力让每个孩子都能享有公平而有质量的教育"的基础教育改革目标，晓庄始终坚持以培育基础教育优质师资为重任；如何在学陶、研陶、师陶的行动研究中，拓展与形成富有时代意蕴的教师教育新理念、新经验、新模式，是我校"十四五"乃至更长时期内的重要工作。陶行知研究院组织编著的"陶行知教育思想研究新视野丛书"，既是学校新时代学陶、研陶、师陶的重要成果，也是向陶行知诞辰 130 周年纪念活动的诚挚献礼。

中国特色社会主义进入了新时代，我国教育事业迎来了崭新发展阶段。面对人民群众对教育工作的新期待，面对基础教育发展对师资培养的新需求，我们务必继承陶行知艰苦办学精神，弘扬陶行知教育报国理想，深化陶行知教育思想研究，通过坚持不懈的奋斗，努力开创学术领域新境界，持续推动学校特色发展，培养造就一批批教师教育杰出人才，这是新时代晓庄人义不容辞的责任担当，愿与教育界同仁共勉。

我衷心祝愿南京晓庄学院陶行知研究院各位学者矢志不渝、接续奋战，与国内外陶研界专家多联系、多交流，在陶行知研究领域不断取得新业绩、达成新高度。

张策华

二〇二一年十月三日于南京

目录

CONTENTS

绪　论

劳动教育是人类教育的重要组成部分,它随着教育的产生而产生,随着人类教育的发展而发展,在培养德智体美劳全面和谐发展的人,推动人类社会进步的过程中发挥着极其重要的作用。古今中外,概莫能外,著名教育家的劳动教育思想是劳动教育在人类教育思想的反映,是人们对劳动教育实践智慧的认识与深化,是人们对劳动教育本质的概括。民国时期陶行知先生的劳动教育思想是其对特定时代劳动教育实践和教育制度、社会变革的智慧认识与深化,对开启新时代学校劳动教育的研究与实践具有重要的理论参考价值和实践借鉴意义。

一、劳动教育相关概念界定

清晰明了的概念界定是从事任何一种研究的一个基本逻辑前提。当前学术界对“何为劳动教育”、“为何要加强劳动教育”、“进行什么样的劳动教育”和“如何进行真实有效的劳动教育以及如何科学评价学生劳动教育素养”等问题还存在诸多理解与歧见,至今没有达成一个基本共识,关键在于对“劳动”这个上位概念的不同理解,因此,首先要对“劳动”的基本内涵和本质要义进行考察、辨析和厘定。

(一)劳动概念的“所指”、“能指”和“特指”

先行学者从不同的视角对劳动进行了不同的界定。比如,《中国大百科全书(哲学卷)》把劳动定义为“是人类特有的基本的社会实践活动,也是人类通过有目的的活动改造自然对象并在这一活动中改造人自身的过程”。檀传宝认为,劳动是人类实践活动的一种特殊形式，多指创造物质财富和精神财富的活动[①]。上述两个界定都把劳动看作是人类特有的实践活动，活动的结果是创造物质财富和精神财富，在实践活动过程中，改造了自然，同时改造了人自身。

在陶行知先生的生活教育话语中，劳动的内涵则为投入脑力和体力的社会实践活动，陶行知在 1935 年写的《通不通》一文说："在我所写的论文里，从来没有'劳作'这个名词，我们是要大家参加社会生活里的劳动，而参加这种劳动的时候是要手脑并用。"[②]

也有学者总结性地认为，根据劳动过程、对象、产品等要素的不同，它的表现形式至少涉及以下相互关联的四对范畴八个方面：体力劳动和脑力劳动；简单劳动和复杂劳动；物质生产劳动和精神生产劳动；生产性劳动和服务性劳动[③]。

考虑到科学技术的迅猛发展和社会产业结构的变革调整，在今天互联网、人工智能主导的新时代，劳动的内涵和外延需要不断拓展，它不仅指面向实体世界的社会实践活动，还应包括面向虚拟世界和情感世界的社会实践活动。这是一种从广义上对劳动范畴的理解。

总之，本书使用广义的劳动概念，认为凡是投入人和事物上的体力、脑力和情感的社会实践活动，无论其产生的价值量是多少，均可称之为劳动。在家庭生活之中体现为自理、自立的独立生活活动，在职业生活中体现为通过自己力所能及的各种劳动获取物质生活资料的活动，在社会生活中体现为丰富多样的为社会作出应有贡献的公益性活动，在学校学习生活中则体现为与具体的学科知识相联系的实践和动手操作的、能够化知识为能力与智慧的活动[④]。

（二）劳动教育的本质要义

在中国知网(CNKI)的中国学术期刊网络出版总库中，依据高级检索中的检索条件，在期刊篇名中输入"劳动教育"，时间限制选择"1949—2019"，检索到相关研究中文文献 1094 篇，再通过人工筛查去除会议、时政和征订类等 86 篇无效

① 檀传宝. 劳动教育的概念理解——如何认识劳动教育概念的基本内涵与基本特征[J]. 中国教育学刊，2019(2)：82-84.

② 陶行知. 陶行知全集(第 3 卷)[M]. 成都：四川教育出版社，2005：290.

③ 文新华. 论劳动、劳动素质与劳动教育[J]. 教育研究，1995(5)：9-15.

④ 宁本涛. 重塑劳动教育观[N]. 光明日报，2019-01-29(13).

文献后，最终得到有效样本1008篇。通过整理劳动教育研究的年度发文量，发现自新中国成立以来该领域的年度载文量整体呈螺旋式上升趋势。在关键词分析基础上进一步研读所发表论文，发现自新中国成立以来我国劳动教育研究呈现出三大焦点争论：一是劳动教育的内涵之争；二是劳动教育的边界之辩；三是劳动及劳动教育的多元路径之探。

1. 劳动教育的内涵之争：以价值观培养为主还是偏向知识、技能教育为主？

就劳动教育的内涵研究而言，可以划分为两大流派。其中一种流派提出新时代的劳动教育要基于其专业性特征，顺应信息化潮流，以技能教育为主。如有学者提出，劳动教育应该与社会变革同步，聚焦于培养核心技能和劳动能力。第二种则认为劳动教育要更侧重于价值观的培养。如有研究者提出"劳动教育的本质目标是提高劳动素养与培养劳动价值观"。与之类似，也有学者提出，当前的劳动教育要更注重劳动观念的转变，让学生意识到"有教无类"比单纯的动手技巧更重要。

2. 劳动教育的边界之辩：五育并举抑或归属其他四育？

关于劳动教育的边界研究，可谓异彩纷呈，概括而言可分为两类观点。第一类观点提倡五育并举的理念，认为劳动教育是促进全面发展的重要部分。第二类观点主张劳动教育无须单列，可归属于其他四育。代表性的观点有三种，第一种主张劳动教育应该归属德育，如认为劳动教育是培养学生勤劳品德的教育，其教育目标在于培养学生的劳动态度、习惯和情感。第二种观点认为劳动教育归属于智育。大部分学者持第三种观点，将劳动教育看作德智综合体，他们认为，劳动教育主要包括劳动观教育和劳动技术教育，前者与德育密切相关，涵盖劳动习惯、劳动态度；后者与智育相关，主要包括劳动知识与劳动技能，据此推之，劳动教育兼具德育与智育的双重属性。

3. 劳动教育的路径之探：独立设科还是隶属综合实践活动？

明确劳动教育的课程地位不仅必要，且极为迫切。理由如下：其一，为了给劳动教育提供更广的开放性和更大的发展空间，进一步增强学生的实践能力和创新精神。自新课程改革以来，劳动课程开始打破以往的学科封闭状态而向其他学科辐射，由原来的学科课程纳入综合实践活动中。将劳动教育列入综合实践活动的政策初衷是好的，然而遗憾的是，在具体落实过程中，因为学科地位和评价体系的缺失，劳动课程一度处于被综合实践活动取代的尴尬境地，某种程度上，这将是我国劳动课程建设上的严重损失。其二，综合实践活动更倾向于教学理念，缺乏课程本体概念。而劳动教育的独立性、综合性特征决定了其学科概念和学科课程的地位。

另外，纵观国外学者对劳动教育的界定，往往对“labour”与“education”进行分别表述，从关键词的分布可以看出，国外劳动教育与国内劳动教育在内涵的表述上有一定的差别，国内所表述的“劳动教育”类似于西方的“职业教育”“社区服务”“志愿者服务”“人文精神教育”等。

总之，承接上文劳动的定义，本书的劳动教育特指通过体力、脑力和情感劳动，促进学生形成劳动价值观（即确立正确的劳动观点、积极的劳动态度，热爱劳动和劳动人民等）和养成劳动素养（有一定劳动知识与技能、形成良好的劳动习惯等）为目的的教育活动①。劳动教育不是社会、学校或家庭单方面的事情，而是这三个教育渠道相互配合、密切联系、各司其职的整体性教育②。

劳动教育的本质要义，旨在通过劳动教育，一是要让学生认识到劳动具有本源性价值，即劳动是创造物质世界和人类历史的根本动力，劳动、劳动者神圣光荣；二是要让学生认识到劳动具有经济性价值，即劳动是一切社会财富的源泉，按劳分配是合乎正义的分配原则，不劳而获、少劳多得可耻不义；三是要让学生认识到劳动具有教育性价值，教育与劳动相结合不仅体现教育的本质，而且能让学生明白热爱劳动、参加劳动才能实现个人的健康成长，不愿劳动、不爱劳动则会阻碍个人的全面发展③。

二、以“五育融合”作为研究视角

德智体美劳的提出，表明劳动素养被作为一个育人目标，同时也把劳动作为一种教育手段合法化。劳动是否需要作为一种教育手段和育人目标？这无论在西方还是在中国都长期处于争论之中，因此，对于劳动教育的研究很有必要。“文革”期间，教育和生产劳动相结合，大量的劳动挤占了学习时间。“文革”结束

① 檀传宝.劳动教育的概念理解——如何认识劳动教育概念的基本内涵与基本特征[J].中国教育学刊，2019(2)：82-84.

② 宁本涛.重塑劳动教育观[N].光明日报，2019-01-29(13).

③ 宁本涛.重塑劳动教育观[N].光明日报，2019-01-29(13).

后，劳动在学校的重要性下降，学校的主要功能转化为传授知识和学习，但劳动的缺席不利于人才的培养。过多的劳动和过少的劳动都不利于人才的培养，那么，劳动应占比几何才合适？如何开展劳动，开展什么样的劳动，才能达到很好的育人效果？这些问题都需要做出回应。这也是本书研究的必要性和价值所在。本书通过分析民国时期教育家陶行知实施的劳动教育的状况以及理论，探讨劳动教育的利弊得失，进而探寻出今日劳动教育的路径和方法。

长期以来智育独大，劳动教育处于被忽视的地位，在学校教育中长期缺场。教学论都是关于认知知识的教学论，教师的教和学生的学，大家都约定俗成地认为是知识的学习，教育就是智育。学校教学育人就是给予知识，培养能力。学校就是知识教学的场所，都是围绕着书本进行的，教师就是教书的先生，学生就是读书的儿童。德育、体育、美育尽管存在于教育现场，但也不受重视。

在政策的推动下，劳动教育被纳入课程，进入教育现场。在研究领域，劳动教育再度成为热点问题。

本书把劳动教育放在五育融合的视野下进行研究，避免顾此失彼，防止过于强调劳动教育的意义和价值，从一个极端走向另一个极端。在认知上要明确劳育仅仅是五育之一，劳动教育和其他四育共同担负着育人的功能。如此，就把劳动教育放在一个合适的位置和适宜的研究视野之下，既不过分夸大也不忽略其意义和价值。

五育融合既是育人方法也是育人的路径，劳动教育作为五育之一，是一种育人的手段和方法，在五育融合的理论视野下研究劳动教育，也是明确劳动教育的目的是育人。这就框定了本研究的研究视域，是从教育学的角度研究劳动和劳动教育。

本书研究陶行知的劳动教育思想，是对民国时期的历史研究，既要呈现当时劳动教育的史实，又要呈现当年陶行知劳动教育理论。对于陶行知劳动教育实践的呈现，本书舍弃以往的宏大的叙事写法，选择用历史人类学的研究方法，力图通过当年的杂志和图书等文献资料恢复当年劳动教育的鲜活史实，给读者以生动可感的印象。对陶行知的劳动教育理论，主要通过陶行知的著作文本呈现并用五育融合的理论进行分析和解读。因此，五育融合不仅是本书的研究视角，也是本研究的理论基础和解释框架。

三、研究内容、研究立场和研究目的

本著作以陶行知的劳动教育理论和实践作为主要研究内容,契合陶行知学贯中西的知识结构状况,从中西两个源头探寻他劳动教育思想的渊源;在民国新旧交替和社会转型的大背景下,探究他开展劳动教育的动因;在教育现代化的进程中考察他的劳动教育理论和实践对建构新的教育形态的意义;以五育融合作为理论解释框架,揭示陶行知劳动教育理论和实践的历史意义和价值所在,同时对陶行知的劳动教育思想进行反思,探讨新时代如何建构劳动教育。

劳动,作为一种教育手段和方式,为何在沉寂许多年后又再次进入教育场域?为何在现在又成为一种蔚然之势?这些问题都值得思考。劳动教育在学校教育场域存在的合理性何在?学校作为专门的培养合格社会成员的场所,劳动教育对培养合格的社会成员究竟有何助益?劳动教育在民国大转型的时期,为何被当时的教育改革者所热衷?陶行知为何在学校实施劳动教育?劳动教育有无融合育人价值?如果有育人价值,劳动教育在学校如何展开?劳动教育在教育现代化进程中发挥了什么作用?是推助了教育现代化,还是阻碍了教育现代化的步伐?存在的未必是合理的,"文革"时期推行的教育和生产劳动相结合,过分强调劳动(技能)教育,使教育(知识)本身的意义有所消解。因此,对于陶行知的劳动教育的理论和实践,必须进行详尽的考证,呈现当时劳动教育的状况,分析其历史上的作用,给予陶行知劳动教育的意义和价值一个比较客观、公允的评价,其积极的做法是今天的教育须汲取的,过于激进的做法是今天的教育要力避的。因此,本书将带着一种责任感和审慎的态度对陶行知劳动教育思想进行研究。本研究将站在客观的立场,尽力用历史事实还原民国时期陶行知劳动教育的真实状况;站在客观公允的立场,放置在教育现代化的历史进程中,评判陶行知劳动教育实践和理论的得失,为今日的劳动教育和劳动教育的发展提供借鉴。

本研究从五育融合的视角研究陶行知的劳动教育。劳动教育作为一种基础性和综合性的育人手段,在学校教育的场域中应占有怎样的位置?应占教育教学的多少份额?如何科学有效地开展劳动教育?开展怎样的劳动教育?本书欲通过对陶行知劳动教育思想的梳理和研究,找到当今知识经济时代和人工智能时代的劳动教育路径和方法。

四、研究的创新之处

陶行知作为近现代伟大的教育家，对推动中国教育从传统向现代转型发挥了中流砥柱的作用，既提出了生活教育理论，又创办了南京晓庄学校、重庆育才学校、上海山海工学团等，是一位有教育实践和教育理论的教育家。因此，陶行知一直受到学者的关注，关于他的研究成果非常丰硕，在同时代教育家中无人可与他比肩，据《20世纪陶行知研究资料索引》一书统计，从1917年到2000年的80余年间，发表了关于陶行知研究的各类文章4630余篇，著作270余种，作者2570余人[①]。学者从不同的视角对陶行知的生平、学说、贡献等进行了研究，先行研究的基本范式，是基于对陶行知著作的文本解读，多是站在陶行知立场研究陶行知，观念先行，用陶行知著作中的语句来佐证他的观点，急需一种全新视角的研究。

在研究内容上，尽管成果丰硕，但最近一两年才开始对陶行知劳动教育的关注，因此，只有几篇关于陶行知劳动教育的论文刊发，尚未有专门研究陶行知劳动教育的著作问世。先行的几篇劳动教育的论文，由于缺乏对当时社会和教育背景的深入了解，往往把陶行知的劳动教育说成是当时的创举。其实，陶行知的劳动教育只是当时劳动教育热潮中的一个典范，因此，之前著作存在着夸大陶行知劳动教育的历史意义的嫌疑。由于上述作品都是从陶行知文本中发掘和提炼出他的劳动教育思想，所以，观点大致相同。

本书运用历史人类学的研究方法和从历史人类学的角度对陶行知的劳动教育思想进行研究，通过当年的报刊等文献资料生动地呈现当年劳动教育的场景，给读者生动、具体、可感的印象。本研究不是就劳动教育谈劳动教育，而是基于“五育融合”理论视野下对陶行知劳动教育理论和实践进行深入的分析。

① 金林祥.二十世纪陶行知研究[M].上海：上海教育出版社，2005：前言1.

第一章 回归教育的原点——"五育融合"论要

2019年12月28日,全国首届五育融合研究论坛在华东师范大学顺利举行,这标志着中国五育融合理论话语体系的正式诞生。五育融合作为一种新时代的教育理念和研究假设及实践探索,既传承了中国传统育人文化元素,又兼具时代变化和世界眼光,它滋生于中国教育现代化实践和发展的需要,富有中国本土特色。

一、"五育融合"何谓?[①]

何谓"五育融合"?见仁见智,至今还没有一个统一的说法。从语义学分析看,要厘清"五育融合"的含义,有两个前提性概念需要阐明。一是何谓"五育",二是何谓"融合"。

(一)何谓"五育"?

首先,从教育的利益相关主体来看,"五育"的主体不仅有专业教师,还有政府、家长、社会和受教育者本人等。

其次,从教育内容来看,"五育"不仅指德智体美劳各自学科课程内容上所体现的"善"、"真"、"健"、"美"和"实"等学科素养的追求,更要注重"五育"之间的相互交叉,互相渗透。比如,体育学科的教育教学与实践不仅有健康知识与技能价

① 本部分内容详见宁本涛."五育融合":何谓、何来、咋办?[J].今日教育(综合版),2021(4).

值的追求，还要有体育规则伦理、体育智慧、体育审美、体育实务价值的培养，更要通过“以体树德，以体启智，以体健美，以体促劳”来提升学科素养的整体育人效应。德育、智育、美育与劳动教育的开展同理。

（二）何谓“融合”？

《现代汉语词典》将“融合”一词定义为：“几种不同的事物经化解、渗透结合为一个整体。”可见，“融合”也不是简单地并列或补齐拉平，而是通过不同事物要素或活动之间相互融入、渗透，最终生成一个新的有机整体。融入是不同事物实现融合的前提，需要几种事物融入同一个“熔炉”。只有消除各自的“边界意识”，才有可能实现这几种事物的融合。渗透是融合的重要过程，是各事物之间的元素相互糅合的过程，即一个新事物的生成。

综上，“五育融合”不是“五育”并举，更不是德智体美劳的简单拼凑和叠加，而是通过将“五育”各育融入学生课程、活动中，并相互渗透，从而实现不同于之前的一个新事物——一个整体的“五育”的整合生成体。换言之，“五育融合”不仅是一种教育价值观，也是一种教育创新思维方式，更是一种教育实践新范式。我们应形成这样的共识：步入教育的新时代，我们正共同走着一条德智体美劳全面发展、融合育人的教育实践之路——“五育融合”。“五育”之间既各自独立，又内在统一；既是手段，也是目的。其最终目标是一致的，即通过“五育”互育和有机融合，高效促进学生的全面发展。

二、“五育融合”何来？

“五育融合”思想的产生，并非空穴来风，而是我国近现代思想家、教育家基于对国家命运、民族危机和“人的全面发展”的深刻认识和初步实践而提出的。追根溯源，19 世纪末，严复最早提出“民力、民智、民德”的“三育”并举思想。紧接着梁启超在《新民说》《新民议》中呼吁“新民为当今中国第一要务”。20 世纪初的王国维从康德哲学理论出发，率先从人的个体发展的角度来探讨教育的本质，提出教育旨在培养“完全之人物”，在德智体上加上精神层面的“美育”（情感）形成“四育”。蔡元培先生在此基础上提出了“军国民教育、实利主义教育、公民道德教育、世界观教育、美感教育”的五育思想。

20 世纪 20 年代，马克思主义教育理论家杨贤江在总结前人的基础上，接受了马克思的“人的全面发展”理论，提出新的“五育”思想，即德智体美劳全面和谐发展的教育，并提出教育与生产劳动相结合是实现人的全面发展的重要途径。新中国成立后，尽管“德智体美”等全面发展的育人目标成为共识，但劳动教育的地位一直没有很好地凸显出来。

习近平总书记在 2018 年 9 月的全国教育大会上旗帜鲜明地指出，要“努力构建德智体美劳全面培养的教育体系”。至此，立德树人、“五育”并举成为全体教育人的共同目标。2019 年发布的《中国教育现代化 2035》进一步提出要更加注重学生全面发展，大力发展素质教育，促进德育、智育、体育、美育和劳动教育的有机融合。2019 年 10 月，华东师范大学基础教育改革与发展研究所在国内率先成立了五育融合研究中心，并于 12 月 28 日召开全国首届五育融合研究论坛，会上还成立了全国五育融合实践校(区)联盟，这是对“五育融合”研究与实践的一次重要推动。

质言之，当下“五育融合”话语的提出，反映了教育人对修复基础教育不良生态的持续思考和实践探索。众所周知，受智育独大的教育评价观、工具化和短视化的人才观钳制，当前我国基础教育依然部分存在“五育缺失”(疏德、偏智、弱体、抑美、缺劳)和“五唯顽疾”(唯分数、唯升学、唯文凭、唯论文、唯帽子)的问题。

在具体教学和管理实践中，“五育”常常被分裂，“五育”成为几个彼此独立的教学活动。比如德育往往存在于“道德与法治”课和班队活动中，德育看起来似乎往往是德育教师或班主任的任务；智育往往存在于各任课教师的课堂中(学科育人价值)；体育往往存在于体育课和运动会中；美育往往存在于音、体、美课程及艺术节类活动中；劳动教育往往存在于劳技课和学生日常劳动中。进而导致“育分不育人”“五育各自为政”“老王卖瓜自卖自夸”，综合素养教育成效甚微，难以入“信”和入“心”，产生学生负担和教师负担愈加严重等问题。

如此一来，“五育”相互“隔离”，融合效应难以实现，正如倪闽景所说，“德育不好是危险品，智育不好是次品，体育不好是废品，美育不好是廉价品，劳动教育不好是赝品”。对培养孩子而言，德智体美劳就像一朵花的五片花瓣，本身就是一体的，哪一片花瓣都不该缺。

三、“五育融合”咋办？

有一种观点认为，“五育融合”是一场“零和博弈”，“五育”中任何一育之所得，似乎都意味着其他四育将有所失。但事实并非如此，“五育”的融合不是德育、智育、体育、美育和劳动教育的简单拼凑、整合，而是实现“五育”的真正渗透，即“你中有我，我中有你”。

质言之，“五育”教育分散乃至割裂的问题，迫切需要寻找一个契合点，把原先分离的、割裂的教育形态，通过一个共同的契合点连接在一起。

“五育融合”落地的关键在于大力推动区域和学校层面为纽带的课程融合、学科融合、知识融合、方法融合和价值融合的真变革，如此才能更好地落实立德树人的根本任务。当下“五育融合”实践路径的突破点在于，要在思想认识上敢于打破“五育”边界。

在方法论上，“五育融合”实践的突破口可以从课堂教学融合、跨学科学习方式融合、校本课程价值融合、学生综合素养评价融合、学校治理方式融合等方面进行，切实做到因地、因校制宜。

第一，在思想认识上，不同教育相关者要敢于打破五育“边界”。所谓边界，是导致行动或互动过程产生中断的社会文化差异，包括物理边界、社会边界、心理边界。比如“五育融合”背景下的教师学习共同体，不仅需要跨越物理边界，即不同学科知识、教学方法等方面的边界；还需要跨越社会边界，即增加不同学科任课教师之间的社会交往；此外还包括心理边界，即教师和学生们需要从内心接受不同学科的融合。通过模糊学科之间的边界，实现跨界对话，即允许多样化的现实与不同价值之间开展对话。

比如，数学教师在批改作业时发现的错别字会给学生指出吗？语文教师批改作文时发现有意思的插画，要不要给予赞赏？体育课上学生暴露的懒惰思想能忽视吗？以往学科老师对自己专业范围内的事会很敏感，很快能区分哪些是他们的“分内之事”，而其他似乎就是别的学科老师的业务范畴。“五育融合”，就要先消除教育利益相关者们固有的“壁垒”观，教师应该对学科“分内之事”负主要责任，但对“人”全面的关注才是教育的根本基调。

第二，加强“具身”学习，重构跨学科视野下的课程知识链。科学主义者强调，知识往往被定义为“对于事实或者真理清晰而准确的觉察”。我们因此自认为一方面拥有真实世界，另一方面又拥有个体心灵。当心灵准确地反映或描绘了世界的事实或真相时，便获得了知识。

“五育融合”视野下的知识并不是不可融合的。任何知识都只是在特定假设、信念和价值观指导下的特定共同体的产物。不同学科教师共同体的知识是为了不同目的而存在的，并以不同的方式发挥着功能。

第三，重建素养本位的课堂教学生态，激发学习方式的有机性与生成性。有机性不是简单的叠加、拼凑和整合，而是事物的各个部分相互关联协调而不可分割，就像生物体一样。生成性不是改变事物的形状、状态的物理反应，而是一种产生了新的事物的化学反应，发生的是质的变化。“五育融合”即一种化学反应，其结果是超越原来各育，从而生成一种不同于原来各育的新的事物——一个整体的“五育”。

在教学中，这一整体的“五育”超越了原有“五育”的本质，打破了“五育”截然分裂的状态，并以整体地促进人在德智体美劳等各方面发展的教育而存在。比如做茶叶蛋，茶叶酱油融入鸡蛋的前提条件是遇热、溶剂和时间，“五育”相互渗透也同样需要前提条件。教师必须熟悉教学内容，并充分挖掘教学内容中的“五育”因素。教师不仅要知道、了解教学内容，对教学内容能进行旁征博引，而且要能够在相应的教学内容中渗透各育因素，如在进行德育的过程中充分挖掘美育、体育、智育、劳动教育因素，在进行体育的教学过程中充分挖掘其他各育因素……这样才有可能实现“五育”你中有我、我中有你的自然有机渗透，促进日常教学过程中的“五育融合”。

第四，重建“五育融合”视野下的学校关系型领导。阿伦特认为：“权力从来就不是某个人的私有财产，它属于一群人，并且只在群体存在的条件下得以维持。”实际上，一个人是不可能成为拥有“有远见”“善于引导”“组织能力强”等品质的领导者的。这些品质都是在共同体的认可中产生的。组织中的领导之所以有魅力，是因为和组织成员开展合作时才表现出这种魅力，并且其领导受到组织成员的认可和支持。组织的愿景与目标并不是由个人建立的，而是被参与对话的所有成员共享。所以需要通过发挥“五育”关系型领导，实现班级建设、教师学习共同体等的“五育融合”。

第五，中小学教师和家长群体是推动和参与教育生态改革中最为关键的要素和力量。当下走出“五育融合”全面全体和全程育人的现实困境,必须重新认识和提升教师和班主任工作的有效性、创造性、审美性和价值性,敬畏教育良知,尊重教师,善待教师,大力提升教师的经济社会地位和“五育融合”素养。同时,要积极宣传和引导家长对加强融合育人思想的认识,激发和凝聚社会不同教育利益相关者的“五育融合”育人观,心往一处想,劲儿才会往一处使。目前,学生更多按学科分类进行学习,但生活实践需要的往往是“五育融合”的运用。因此,家庭、学校和社会要多元协作,有意识地创造项目化学习的机会,创设“五育融合”的真实情境,更好地促进学生知识运用和做人做事的融会贯通。

总之,“五育融合”是一个需要整合一线教育实践并进行理论建构与实践创新的全新领域,代表了中国基础教育改革的前沿方向。通过深入聚焦“五育融合”的教育学理论建构以及走向“五育融合”的区域教育发展、学校变革、课程建设、教学变革等方面的深入改革,必将为中国基础教育改革与发展提供一些参考和建议,为如何研究融合过程、如何让融合日常化、如何评价“五育融合”的效应、如何培养适应“五育融合”的新校长、新教师和新家长等问题留下持续思考和探索的空间。

四、“五育融合”的本质要义和特色价值意蕴①

习近平总书记在2018年9月举行的全国教育大会上指出要努力构建德智体美劳全面培养的教育体系。自此,立德树人,“五育”并举,培养德智体美劳全面发展的社会主义建设者和接班人的任务就成了全体教育者的共同目标。实事求是地讲,当前无论是教育理论工作者还是一线校长、教师,不少教育者对何为“五育融合”,“五育融合”从何而来,“五育融合”基本价值追求是什么,“五育融合”如何落地等问题的认识还不够清晰,共识度还不够高,或见仁见智,自信心不强,亟待进行基本概念、本质要义的辨析和价值反思。

(一)“五育融合”的本质是成“全人”之美

“五育融合”是在“五育并举”提法基础上归纳出来的,是对“五育并举”政策

① 本部分内容详见宁本涛.“五育融合”本质的再认识[N].中国教师报,2020-12-09(6).

话语的理论提升。"五育"并举，融合育人，是新时代中国特色社会主义基础教育综合改革面临的重大课题。"五育"并举更多是从名词或副词意义上的教育构成要素层面来说的，而"五育融合"则是从动词和实践意义来讲的，从"五育"失衡到"五育"并举，再到"五育"融通、"五育"共生和"五育"共美，是"五育融合"五个重要阶段，其主旨就是要回归教育的本质规律，回答教育究竟"如何培养人"这个根本问题。为方便国际学术交流，现给出"五育"的英文表达：(直译)the integration of moral, intellectual, physical, aesthetic and labor education；(意译)holistic education(全人教育)。

"五育融合"中的德智体美劳分别代表真、善、美、健、富五大教育价值追求，其中真、善、美为教育的终极价值，健和富为教育的手段价值，它们应该平衡在一起。"五育融合"的提出具有重大现实意义，是新时代基础教育理论与实践工作者亟需协同攻关的教育重大课题。"偏于智、疏于德、弱于体、抑于美、缺于劳"是对五育失衡以及"五唯"(唯分数、唯升学、唯文凭、唯论文、唯帽子)痼疾的总结和概括。为什么学校教育在传递知识与价值的同时，又在不断扼杀学生的好奇心、想象力和创造力？基础教育的本质究竟是什么？是培养身心和谐发展的完整的人。从德、智、体、美、劳等"五育"分别代表着真、善、美、健、富五种教育价值追求看，他们应该和谐统一在一起，尤其是在信息技术和人工智能发展的新时代，我们更应该给孩子一个完整的全面的教育。

"五育融合"的提出既传承了中国传统育人文化元素，又具有国家视野和世界眼光。日本教育家小原国芳的基于"六育"(学问、道德、艺术、宗教、身体、生活)的全人教育思想对理解和诠释"五育融合"有很大的启示意义。西方新全人教育理念为更好诠释和理解"五育融合"奠定了深层理论基础。全人教育最早由美国学者隆·米勒对其进行系统化阐述，隆·米勒认为全人教育哺育完整的人的发展，即哺育人的智力、情感、社会、生理、创意/直觉、审美和精神潜力等方面的发展。后续者约翰·米勒从三个层面来解释全人教育的内涵：一是教育全人，整合人的不同侧面；二是将人视为整体而不是部分的组合进行教育；三是在整体的环境中进行。全人教育着重于站在整体的角度看待世界和人，认为教育要整体培养人在智力、职业能力、道德等各方面的全面发展，而不是单独培养人的各方面能力、素质；教育必然是整体、整个地促进学生的全面发展，要把学生看作整体的人、完整的人。印度哲学家克里希那穆提认为，教育的意义在于解放心灵、唤醒智慧，培养自由而完整的人（终身成长），为“五育融合”实践提供了借鉴的方向。

“五育融合”不是德育、智育、体育、美育、劳动教育的简单拼凑、整合，而是实现“五育”之间的有机综合渗透，即“你中有我，我中有你”。“五育融合”中任何一育之所得，并不意味着其他四育将有所失。“五育”教育力分散乃至割裂的问题，迫切需要寻找一个契合点，把原先分离、割裂的教育形态，通过一个共同的契合点连接在一起。关于各育在全面培养体系的地位，有的学者认为应是德育为首；有人认为从内在逻辑出发考虑，“五育”的顺序是体智德美劳；有人认为，德育和智育居主要地位，其他是次要地位。其实，“五育”是全面发展教育的组成部分，应同等重视，不可偏废，重在全面和融合。“五育之间关系”的实践逻辑应该是：五育之中一个都不能少，又各具特色，重在平衡。现阶段实施“五育融合”，要以德为先，以智为本，以体为径，以美为核，以劳为重。

“五育融合”是一项系统工程，是极具时代特征和创新意义的教育热点、难点和突破点。“五育融合”如何落地？一个基本指导原则是从“五育融合”视野深入反思区域或学校在自身办学过程中“五育”失衡的深层症结，找准口子，做出样子，创出牌子。“五育融合”在具体行动路径上要先行先试，聚焦“五全”和“七进”，其中“五全”指“全员育人、全面育人、全程育人、全科育人、全息育人”；“七进”指五育要“进文化、进课程、进课堂、进生活、进评价、进治理、进生态”。

我们应形成这样的共识：步入教育的新时代，我们正共同走着一条培养德智体美劳全面而有个性发展的时代新人的教育实践之路，“五育”是一个整体，既内在统一又各有侧重，目标是促进学生的全面而有个性的发展。有了“五育融合”的理念和思维方式之后，不仅各育之间的关联度、衔接度将有所提升，各育自身的推进方式、运行方式和发展方式也会随之发生革命性变化；此后，各育都将在“五育融合”的背景之下，重新建构自身的发展方向和发展机制。因此，我们需要树立新时代的“五育融合”观和基于“五育融合”的“新基本功”，学会在多元教育价值的冲突与矛盾中辩证处理“五育”之间的关系，促进“五育”的相互融合，最终实现“五育”共美的整体育人功能。

总之，“五育”是一个彼此独立又相互融合的复杂系统，只有各育各司其职、协同共进共生，才能真正实现 1+1 大于 2 的“融合”效应。正如施瓦布所言：“实践"是教育的真正语言。"五育融合"是一项"择宜"的实践艺术,"五育融合"是否做得好,关键在校长和教师。理论是行动的先导,行动反过来通过必要的反思和修正又会自觉推动理论不断丰富和向前发展。

以行动为基,以思考为翼,充分发挥个人智慧,根据学校规划、教学目标、课程资源等条件,综合采用一种或几种融合创新范式并适时调整创新,在理论与实践的双向互动中做出"五育融合"的创造性转化,表达自己独特的教育主张。

(二)"五育融合"的独特价值意蕴[①]

首先,"五育融合"突破了育人的理念边界。"五育融合"作为一种育人理念,突破了育人的理念边界。"五育融合"从表面上看是对"五育"的一种边界的融合,更深层次却体现了人的现代性的提升,是一种先有本体价值再有延伸价值的价值旨归,更是超越个人主义而达至社群主义、超越单边主体性而达至交互主体性、超越技术理性而达至价值理性的理念优化和提升。

育人理念处于动态发展之中。1957 年,毛泽东提出"我们的教育方针,应该使受教育者在德育、智育、体育几方面都得到发展,成为有社会主义觉悟的有文化的劳动者"[②];1983 年,邓小平提出"要使广大人民有共产主义的理想,有道德,有文化,守纪律"[③],培养"四有"新人;1995 年,《中华人民共和国教育法》第一章第五条规定"教育必须为社会主义现代化建设服务,必须与生产劳动相结合,培养德、智、体等方面全面发展的社会主义事业的建设者和接班人";1999 年江泽民提出,要造就"德育、智育、体育、美育等全面发展的社会主义事业建设者和接班人"[④];2010 年,《国家中长期教育改革和发展规划纲要(2010—2020 年)》中提出"培养德智体美全面发展的社会主义建设者和接班人"[⑤];2018 年习近平总书记提出,构建德智体美劳全面培养的教育体系。我国教育方针的历史演进经历了从"三育"到"四育"再到"五育",从培养"劳动者"到培养"建设者"和"接班人"的发展逻辑,凸显了社会主义现代化建设对"人"提出的要求是动态的、发展的。

---

① 宁本涛,樊小伟.以"五育融合"迎向基础教育高质量发展[J].生活教育,2021(1):8-12.

② 毛泽东.毛泽东文集(第 7 卷)[M].北京:人民出版社,1999:226.

③ 邓小平.邓小平文选(第 3 卷)[M].北京:人民出版社,1993:408.

④ 江泽民.江泽民文选(第 2 卷)[M].北京:人民出版社,2006:332.

⑤ 中共中央 国务院印发 国家中长期教育改革和发展规划纲要(2010—2020 年)[J].人民教育,2010(17):2-15.

在"五育融合"视野下,"融合理念"是对各育不全乃至割裂的突破。从"三育"走向"五育",从"并举"走向"融合",育人理念的拓展彰显了我国社会主义的教育性质,体现了促进人的全面发展对育人理念的内在要求,是新时代中国特色社会主义教育事业发展的行动指南。人的全面发展是身心发展的统一体,是系统的、整体的、协同的发展。不能脱离整体的发展谈某一方面的发展,"德"的发展不能脱离"智","体"的发展不能脱离"美","德智体美劳"是一个体系。总之,"德智体美劳"并非"德智体"加上"美"和"劳",词汇的增加不是简单地"做加法",从"德智体"到"德智体美劳",各自的内涵都获得丰富发展。

其次,"五育融合"突破了育人的思维边界。"五育融合"作为"五育并举"的"落实方式",凸显了"融合思维"的系统育人思维方式。这种思维方式是对"智育独大"的反思,并超越了对某一育的思考,超越了"偏智、疏德、弱体、抑美、缺劳"的实践样态,实现的是对"五育"的系统和整体架构。思维方式的变革重构"五育"的运行机制。"融合思维"作为一种系统的思维方式,强调一育与另一育的融合、一育与多育的融合、多育与多育的融合,这种"串联"和"并联"的逻辑方式,突破了育人的思维边界,为育人实践带来了更多的可能和探索空间。

再次,"五育融合"突破了育人的方法边界。教育的根本问题是培养什么人、为谁培养人和怎样培养人的问题,它规定了教育的性质方向、目标规格和方法途径。在"育什么人"已然明晰的情况下,"怎样育人"成为亟需回答的重大问题①,其中"五育融合"是最值得关注的发展方向和路径之一。

"五育并举"需要辩证地处理"五育"之间的关系,促进"五育"之间的相互融合,实现"五育"的整体育人功能。"五育并举"强调的是"德智体美劳"缺一不可,是对教育的整体性或完整性的倡导;"五育融合"则侧重于实践方式或落实方式,致力于在贯通融合中实现"五育并举"。"五育并举"是"五育融合"的前提与基础,"五育融合"是"五育并举"的策略与归宿。"并"与"融"二者之间呈现出理想与实践、目标与策略的对应关系。"五育融合"作为一种育人实践形式,其突破了育人的方法边界。

最后,"五育融合"突破了育人的价值和话语边界。社会的发展首先是人的

① 李政涛,文娟."五育融合"与新时代"教育新体系"的构建[J/OL].中国电化教育,2020(03):7-16[2020-03-30].http://kns.cnki.net/kcms/detail/11.3792.G4.20200310.1628.004.html.

全面发展，而人的全面发展是德智体美劳自由和谐发展的综合体现。育人目标从“德智体”拓展为“德智体美”再到“德智体美劳”，破解了在人才培养过程中淡化、弱化甚至消解美育和劳动教育的思维，实现了育人目标与新时代教育事业和经济社会发展需求的精准对接。在社会主义现代化建设迅猛发展时期，在应试教育的指挥棒下，我国教育依然存在着“五育缺失”（偏智、疏德、弱体、抑美、缺劳）和“五唯”（唯分数、唯升学、唯文凭、唯论文、唯帽子）痼疾的问题，解决此问题的关键是构建德智体美劳全面培养的教育体系，培养适应社会发展的人格健全的时代新人，培养肩负实现“中国梦”伟大事业的全程参与者和全力推动者。

总之，真正扭转“五育”失衡的现状，落实“五育融合”，要健全立德树人落实机制，构建德智体美劳全面培养的教育体系。习近平总书记在全国教育大会上指出，要把立德树人融入思想道德教育、文化知识教育、社会实践教育各环节，贯穿基础教育、职业教育、高等教育各领域，学科体系、教学体系、教材体系、管理体系要围绕这个目标来设计，教师要围绕这个目标来教，学生要围绕这个目标来学。凡是不利于实现这个目标的做法都要坚决改过来。全面发展教育话语体系本身就是马克思主义基本原理同我国教育实际相结合的理论成果。只有全面贯彻党的教育方针，落实立德树人根本任务，“德智体美劳”这一教育话语才具有解释力与实践力，才能真正拥有高质量的育人话语体系。

五、“五育融合”的基本愿景、行动纲领和着力点

自 2019 年 12 月成立了全国五育融合实践联盟以来，各实验区（校）开展了卓有成效的五育融合、适性育人的积极探索，积累了丰富的改革经验和理论主张。为更好推动五育融合实践联盟区（校）未来的高品质教育建设，争创国家级教学成果奖，根据习近平总书记在全国教育大会上的重要讲话以及党中央、国务院《关于全面加强新时代大中小学劳动教育的意见》《关于全面加强和改进新时代学校体育工作的意见》《关于全面加强和改进新时代学校美育工作的意见》《关于深化新时代教育评价改革总体方案》等重大文件的要求和精神指向，制定五育融合的基本愿景和行动纲领，旨在抛砖引玉，引发教育界同仁对基础教育高质量发展更深层次的思考。

（一）“五育融合”的基本愿景

以“五育融合、适性育人”为基本理念，期望通过创建基础教育五育融合示范区和五育融合实践联盟校，建设“五育融合”实验室和“五育融合检测与评估研究中心”，逐渐生成具有中国特色的“五育融合理论”和“五育融合实践创新范式”。

愿景之一：让每一个学生拥有高品质的学习权。改善“五育割裂”境况，缓解德、智、体、美、劳之间的相互排斥，通过融合“五育”形成教育合力，并由主学科推向全学科，使学生由浅表学习走向深度学习。突破“五育并举”育人理念边界，超越对某一育的关注，改善“偏智、疏德、弱体、抑美、缺劳”的实践样态，实现对“五育”的系统和整体架构。在学生那里，“五育融合”意味着一种全新的“学习能力”：今后的学习，不仅是“线上线下混合式”学习、“人机交互式”学习，也是“五育融合式”学习，形成基于融合、为了融合和在融合之中的学习兴趣、意识、方法、能力与习惯；通过融合教育激发学习者自发性、自主性的内在学习动机，并维持一种长期的、全身心投入的持久学习力，让学生在每一堂课、每一门学科中都能全面受教，使课堂呈现出前所未有的生命力。

愿景之二：让每一个学生自由而充分地发展。自由发展是指学生的各项发展，是基于自身发展需要的，是基于兴趣的，不是被外部强制的，不是被迫的。充分发展是指学生各项素质得到力所能及的发展，也就是说每项素质都发展到了最好状态，但不一定是德智体美劳都能达到完美状态。“五育融合”要补齐体育、美育和劳动教育的短板和欠缺，补充德育、智育中的不足和薄弱之处，打破传统的“加法思维”，避免将各育进行简单叠加，转而在整体的框架内，在五育相互关联的层面上，全面思考并整体设计各育的具体实施，为发挥五育的“整体育人、融合育人”功能创造前提条件，探寻“育人效应”的最大化，让所有学生在擅长并感兴趣的领域里都能得到培养与鼓励。

愿景之三：让每一个学生体验生命成长的愉悦。教育并不是受苦，而是追求美好；是让孩子的精神放松，而不是负重前行。教育过程需要学习知识，记忆、理解、练习……在此过程中融入美育、体育、劳动教育、德育，让学生体验学习过程的美好。知识积累伴随生命成长，通过“五育”渗透，使学生能独立思考，从碎片化、线性的，到多维的、立体的，综合素质高，这才是完整的培养。教育的魅力就是在追求真善美的过程中，让学生自己开始懂得道理，体验到、分辨出善的品德、美的特质。“五育融合”实践不是在现在拥挤的学校课程中再增加新的负担，而是将之前被忽视、未利用的资源重新整合，为课堂教学增添活力，去除学生的焦虑感，使之体验成长的快乐。

愿景之四：让每一门学科进入“五育”要素的统整型课程体系。学校内部各学科常处于孤立、失联的状态，各自分别承担着“某育”的特定侧面。不同课程的知识以不同的方式进行传授和演化，但知识的背后蕴涵着共同的育人价值、发挥着共同的育人功能。学科价值与育人价值融合共生，育人价值是学科价值实现的目的，学科价值是育人价值实现的条件，学科价值与育人价值相互协同、转化、融合共生。“融合课程”的实现，必须在共同育人价值的统领下，解构学科知识，开发以学生为本位的、适应时代发展需要的课程资源，重建“五育”知识体系、课程体系和教学体系。重构“五育融合”知识，因地因校制宜开发课程资源，不仅让学生开动脑筋，更要让学生迸发情感、付诸实践。

愿景之五：让每一次教育教学活动都是为了培育具有“生命”的完整个体。充分挖掘教学内容中的“五育”因素。教师不仅要把握教学内容，而且要能够在相应的教学内容中聚集、渗透各育因素，即在进行某育的过程中充分挖掘其他各育因素，努力消除教师们的“壁垒观”，做好学科“分内之事”的同时要明确“直面全人”。要具备运用综合学习策略促进学生学习的能力，融合课程无法靠单一学习方式实现，每次教育活动都要尽可能地根据情境综合采用体验学习、自主学习、合作学习、探究学习等多种方式来推进。教学活动在传递知识技能的同时，更要体现育人性，适时开发学生劳动能力，使学生在完成学习活动过程中获得美的体验，以此来实现教育的“完整性”。

愿景之六：让每一次评价的目光汇聚“育人”与“融合”。建立以学生全面发展、健康成长为出发点和落脚点的教育评价体系，扭转单纯以考试分数评价学生、班级、教师，单纯以升名校、升重点比例评价学校的现象，破除“唯分数”“唯升学”错误评价导向。评价要从“育人”和“融合” 两个方面来考察。“育人”需要关注课程教学在多大程度上从知识教学、内容教学转移到学生学习上，包括课程目标能否聚焦核心素养，教学过程能否坚持以学习为中心，活动设计能否促进学生深度理解。“融合”主要是在育人方式上体现整体育人的本质，不仅追求育人效果，还要关注育人过程，包括课程中“五育”在数量、层次上的均衡性，在建制、发展机会上的平等性，以及“五育”在教育教学、组织管理、文化建设等方面理念渗透的整体性。无论采用何种评价方式，五育融合示范校的最终的评价标准导向是“轻评价、低伤害、侧对话、重鼓励和悦自己”。

愿景之七：让每一位教师形成综合育人意识指导下的融合课程执行力。“五育融合”归根结底是要下沉到课堂教学当中，教师是“五育融合”的实践主体，教师能否胜任关系到“五育融合”的成败。一旦“五育融合”成为学校课程与教学的新常态，作为承担“五育融合”的主要责任人，教师自身要有“五育融合”的融合意识、融合勇气、融合能力和融合习惯。学科教师要有“五育融合”的“教学新基本功”，既要善于在自己的学科领域充分发挥每一堂课、每一个教育活动综合性的“五育效应”，也要善于融合利用各育的育人资源，实现基于融合的新型教学方式。不同学科背景的教师组成全新的教学团队，从共同的教育理念出发，实现不同学科、不同教学方法的融会贯通。教师之间在教学过程中不断吸取、借鉴其他学科的经验和方法，通过团队合作，形成多角度的教学思路，培养学生综合性思维。在促进学生综合素质全面发展的同时，也实现教师自身综合素质的提升。

愿景之八：让每一份领导力（校长、中层、班主任等的领导力）都成为校内外相互沟通协同机制的基石。在共同体中，领导力不是领导者个人的所有物，不是某个人的私有财产，而是属于群体，是共同体的一个方面，且只能在共同体存在的条件下得以维持。在“五育融合”实践中发挥领导力，整合校内外资源、创建协同机制。需要利用领导力强化“五育融合”顶层设计，利用制度优势自上而下搭建“五育融合”的行动框架，对统一认识、明晰权责、优化资源配置，进而提高政策落地实效有重要意义。促进学校内外、体制内外资源的深度融合，建立“五育融合”服务平台和协同机制非常重要。建立系列新型教育服务平台和沟通协同机制，有效打通资源壁垒，汇集分散、割裂的“教育力”，能够促进体制内外及学校内外各类资源的深度融合。

（二）“五育融合”的行动纲领

“人”是教育的唯一目的，教育不仅要满足人的近期发展需要，更要为人的一生发展赋能，为人的一生幸福奠基。教育不是教人跑赢升学“冲刺赛”，而是教人跑好人生“马拉松”。学校要把师生看作密切相连的完整的人，关注其全部生命的真实样态，还原其生存和发展的本来面目，使“教育回归本质，提高人的生命质量和价值”。新时代的教育以立德树人为根本任务，以“五育”并举为实现路径，既强调核心素养的培育,又坚持全面发展的方向。学校要坚持"全人"理念和师生的协同发展,教师既要"渡人",更要"渡己",必须在传递知识技能的同时,注意涵养人格、启迪智慧、关怀生命,为师生的自我实现、终身学习和未来发展创造空间。

第一,突出"整体性"原则。围绕"五育融合"和"全面培养体系"的关系,进行整体设计、整体实施和整体评价。所谓"整体",就是要打破传统的"加法思维",避免将各育进行简单叠加,转而在整体的框架内,在五育相互关联的层面上,全面思考并整体设计各育的具体实施。其中,整体评价是关键中的关键。

第二,突出"融合性"原则。这里的融合,不是"五育融合"之"融合",而是为了推动基础教育治理新体系的构建所需要的"融合"。具体包括:发展目标上的"公平与质量的融合",走向"优质均衡";社会不同教育主体和各种教育力的融合,如"社会教育力、学校教育力和家庭教育力的三力融合";不同教育空间、场域和媒介,如"线上教学与线下教学的融合"。

第三,突出"过程性"原则。"五育融合"能否成功推动基础教育治理新体系的构建,达成公平而有质量的目标,"融合过程的高质量"是重中之重。当发展目标确立之后,接下来的关注焦点,将转移到"高质量的实施过程"和"高质量的融合过程"。它将同步带动"评价对象"的重大转向:以"五育融合过程"为对象的评价,成为基础教育治理新体系的评价重心。

第四,突出"机制性"原则。作为一种教育理念的"五育融合",最终都要凭借"机制"来落地生根,尤其是基于五育的"融合机制"。它要回答并解决三个操作性问题:一是建立基于"五育融合"的"工作系统"。对"什么与什么融合""谁与谁融合""在哪里融合"等具体问题做出明晰回答。例如,"五育融合"的发生地,至少包括教育内部系统(如在学校发生的"五育融合")、教育外部系统(如在社区出现的"五育融合")和教育内外的联合系统(如家庭、学校与社区共同推进的"五育融合")。二是促成不同主体之间的互动关联和相互作用。它解决的是"谁与谁如何融合"的问题。这种相互作用体现为宏观、中观、微观三个层次之间的相互作用,具体展现出宏观设计如何为微观运作创造条件,中观运行如何联通宏观和微观等;显现为教育内部系统、外部系统、内外联合系统之间的相互作用;具体表现为"五育之间的相互作用",产生"牵一育动四育"的连带效应。这种体现"互动关联"的"融合机制",究其根本是"过程机制"。三是探索基于“五育融合”的育人质量评价新机制。首先建立的是体现“五育融合”的评价新标准，包括区域评价标准、学校评价标准、课程评价标准、学生评价标准和教师评价标准等。

第五，突出“主体性”原则。五育融合的实现，三类主体的作用至关重要，即“教育行政部门领导”、“校长”和“教师”。以“教育局局长”为代表的“教育行政部门领导”，是否具备基于“五育融合”和“全面培养体系”下的大格局、大思路，是否善于围绕“五育融合”进行区域教育改革的顶层设计？对于“校长”而言，则是能否建立适应“五育融合”要求的学校治理体系，形成体现和渗透“五育融合”的学校管理新体制和新机制，包括重组学校内部的组织体制架构，重建学校课程机制、教研机制、家校合作机制等，创造生成能够实现并满足“五育融合”目标、要求与需要的新的学校学科体系、教学体系、教材体系、管理体系。在“教师”那里，一旦“五育融合”成为学校课程与教学的新常态，作为承担“五育融合”的主要责任人，教师自身有没有“五育融合”的融合意识、融合勇气、融合能力和融合习惯，能否在“立德树人”这一大基本功下，形成基于“五育融合”的教学新基本功？如同信息时代教师要有数字化胜任力，混融教学需要教师有混融教学胜任力一样，走向“五育融合”的新时代，教师需要有“五育融合胜任力”。这些对于“教育主体”或“教育人”的领导挑战、管理挑战和教学挑战，预示着另一场重大转型或转向的到来：教育行政干部培训、校长培训和教师培训，将全面转向“五育融合”。

第六，突出“实验性”原则。以“五育融合”为根基的“基础教育质量新体系建构”，面临太多需要应对的挑战和需要解决的问题，它们无法通过思辨、推理和想象而获得，只能通过大量艰苦的具体融合实验来摸索。亟须以“五育融合”为对象，展开持续深入地“实验研究”。努力改变局限于思辨研究的痼疾，充分发挥实验应具有的“描述”、“解释”、“预测”、“干预”和“运用”等多种功能，探索自然科学实验、文科实验与教育实验等三种实验路径，在“五育融合”实验中进行融通整合，在跨学科协作实验中探究“五育融合”的实践路径、影响因素和形成机制等。

总之，通过持续实验，为修复不利于“五育融合”的基础教育，治理不良教育生态提出科学的干预策略；为国家和地方出台相关教育政策提供“来自实验”的实证研究依据；为基于五育融合的学校日常教育教学改革提供“出自实验”的具体方案和路径。在实验推进过程中，可通过区域实验、学校实验、班级实验等不同层面的实验，展开不同路径的创新实验，包括：“以德促全”的新德育实验；“以智促全”的新智育实验；“以体促全”的新体育实验；“以美促全”的新美育实验；“以劳促全”的新劳动实验。通过实验，整体研究中小学不同学段、不同教育治理生态场域之间的“五育融合”衔接方式，并在实验全程中广泛搜集多种数据，建立相应的数据库，为各个层面的“五育融合实践”提供大数据支撑。

（三）“五育融合”是撬动教育高质量发展的着力点

1. 树立融合思维

怀特海认为：“我们的目标是要塑造既有广泛的文化修养，又在某个特殊方面有专业知识的人才，他们的专业知识可以给他们进步、腾飞的基础，而他们所具有的广泛文化，使他们有哲学般深邃，又有艺术般高雅。”[①]“深邃”和“高雅”是“融合素养”的具体表征，而“融合素养”的核心是思维方式的变革，这是一种“融合”的思维方式，强调思维的开放性和包容性，认同“五育”之间的逻辑关联和不可分割。

“融合思维”是关于五育的一种思考方式，思考者通过分析、评估和重建提高自己的思维品质，它需要有效的沟通和解决问题的能力。马克思说：“人的思维是否具有客观的真理性，这不是一个理论的问题，而是一个实践的问题。人应该在实践中证明自己思维的真理性，即自己思维的现实性和力量，自己思维的此岸性。”[②]“融合思维”的目的在于更彻底的“教”和更彻底的“学”，实现“五育并举、融合育人”，实现育人效应的最大化。“学习是学校教育最终的目标，学习是思考的结果”，具备“融合思维”的教育工作者能够引导学生勤奋学习“融合思维”，能够为学生提供更多的知识理解和同化空间，提高学生的思维能力。

2. 构建融合学习共同体

学校并不是一个封闭系统，而是一个复杂的开放系统。中小学生不仅是学校生活的参与者，还是社区组织、邻里和家庭生活的重要参与者。而且，学生的社区（家庭）参与和学习质量同学校生活、学习质量息息相关 。

在教育中，学校是专业机构，家庭和社区则是非专业单位。但是，学校、家庭和社区不是相互孤立的教育“孤岛”，而是彼此联系、互相补充的“环岛”。在政府

① ［英］怀特海．教育的目的［M］．庄莲平，等译．上海：文汇出版社，2012：1．

② 马克思，恩格斯．马克思恩格斯文集（第1卷）［M］．北京：人民出版社，2009：500．

的引导下，家庭、学校、社区合作共育，将会达到最佳的教育状态，为走向“五育融合”提供了有力的支持。

家庭、学校、社区是相互联系和相互推动的，即家庭教育指导、学校生活参与、家校互动沟通、社区融合协作，家庭、学校、社区共育，能促进父母对教育机构的信任与支持，能培厚学校教育的土壤，也能在全社会形成关心教育的氛围。更重要的是，随着信息技术的深入发展，传统的教育方式也正面临着深刻变革。在可以预见的未来，单一化、封闭式的教育，将被更为开放、更为丰富的学习方式取代。在这样的大趋势下，家庭、学校、社区携手前行的家校合作共育机制，也将成为“五育融合”的一种常态。

3. 整合融合课程与教学

学科价值与育人价值融合共生，育人价值是学科价值实现的目的，学科价值是育人价值实现的条件，学科价值与育人价值相互协同、转化、融合共生。目前中小学课程之间的边界，导致教师的“教”和学生的“学”都存在其局限性。“五育融合”视野下的课程融合是必要和可能的。我们所学的知识往往是在特定假设和价值观指导下的特定共同体的产物，不同课程的知识为了不同目的而存在，并以不同的方式发挥着功能。

“五育”的融合不是在同一个场域的简单相加，而是“你中有我，我中有你”相互交融的渗透状态。“五育”的开放性和包容性能够有机融入课程和教学中，实现相互之间的渗透。教师必须熟练掌握教学内容，充分挖掘教学内容中的“五育”因素。例如，在进行德育的过程中充分挖掘美育、体育、智育等因素，在进行体育的教学过程中充分挖掘美育、德育等因素。教师要善于挖掘其中各育的因素，实现你中有我，我中有你的自然渗透。

4. 创新多元融合评价

“五育融合”以评价体系的整体改革为抓手和突破口，在破解“五育”之间相互割裂、对立和矛盾的难题中，推动育人方式的整体转变。

第一，构建基于“五育并举，融合育人”的人才培养质量评价指标。重点探究在“五育融合”背景之下，如何把人才培养质量的新标准作为整个工程的核心基石。在教育活动中，要明确哪些“育人成效”是“一育”能够达成的，哪些是只有通过“五育融合”才可能达成的；要解决的核心问题：有了“五育并举，融合育人”之后的人才培养质量标准，与以往的有什么本质的？

第二,探索“五育并举,融合育人”理念下的学校发展评价。“五育并举,融合育人”势必会给学校带来新挑战、新要求,引发对学校育人成效或育人质量的评价新要求,从而引发学校发展评价体系的整体变革。再者,建构学校课程实施过程中的评价监测框架。评价既构成了学校课程实施的重要情境,也是学校课程实施的重要手段,在很大程度上影响着学校课程实施的过程和结果的质量。因此,学校课程实施过程质量监测必须纳入评价监测。

第三,建构基于“五育并举,融合育人”人才培养质量的教师评价改革。要培养出具有“五育融合”能力的学生,教师是关键。在“五育并举,融合育人”人才培养的新目标下,未来教师的能力素养和新基本功的内涵及其评价标准、评价指标等也将发生整体转变。

总之,五育“统一在一个人身上,它们是一个整体的人的各个方面,存在于一个统一的结构之中,只是在理论抽象中才各自独立存在,在实际生活中它们总是作为一个完整的个性表现出来”①。推进“五育融合”,需要引导教育健康发展的核心教育价值体系,需要保障教育健康发展的核心学校教育制度体系。马克思主义关于人的全面而自由的发展理论指导教育思想的整合,将人融于教育制度,将教育制度融于教育生活,将教育制度与人的发展结合,不单纯强调提高教育实践者的主体素质,或单纯强调向教育实践者输送更多的教育知识,而是营造一个好的制度与文化氛围,阻断教育知识的外部灌输,并在确保教师自身主体性的基础上,克服教师自身的不足,让教育制度成为人的诗意的存在,凸显人的全面、充分与自由的发展,追寻生命的精彩、美好与幸福。

① 南京师范大学教育系.教育学[M].北京:人民教育出版社,1984:193.

第二章　劳动教育在中国的历史际遇

中国历史上是一个农业社会，生产劳动一直受到重视，在上层社会有着耕读传家的文化传统，由此在中国形成了历史悠久的读书耕作兼重的社会文化；然而，与这种社会文化相悖，受儒家文化影响的部分读书人却形成了“四体不勤，五谷不分”的不事稼穑的知识分子文化群体。但是，中国的教育首重道德，中国学校教育注重对学生行为的规范和约束，对学校环境、学生的装扮等都有细致而明确的要求，因此，学生自理、校舍清洁之类属于必为之事，这样劳动教育就一直存在于学校日常生活之中。可见，在中国历史上，在不同场景、不同群体、不同场域，劳动教育受到不同的对待，尽管认识到劳动教育是育人之必需，但有时却又认为劳动是粗鄙之事。这种矛盾的心态和做法，既为民国时期陶行知等教育改革家把劳动教育带入学校场域提供了社会文化基础和历史依据，但也造成了劳动教育进入学校场域的心理障碍。

一、耕读传家文化中的劳动教育

中国以农立国，是农村社会，许多家庭世代以农为生，所谓“世业农”[①]，由此形成了历史悠久的农耕文明。农耕文明的特点，一是重耕，二是重读。“耕”不仅指耕种，还包括在农耕基础上的一切生产劳作。“读”不仅指读书，也包括道德伦理和礼仪教化。耕读既是养家糊口的手段，也是传统伦理道德养成的基础。“耕为务本，读可荣身”，“半耕半读”是小康之家最合宜的生存状态和价值选择[②]。

---

① 曾国藩. 曾国藩全集・要揽[M]. 石家庄：河北人民出版社，2016：42.

② 刘亚玲，雷稼颖. 耕读文化的前世今生与现代性转化[J]. 图书馆，2021(4).

中国古代最著名的两个家训是《颜氏家训》和《朱子家训》，从这两个家训可看出作者对于耕读文化的崇尚。

《颜氏家训》为魏晋南北朝时期北齐的颜之推所作。颜之推，字介，临沂人，卒于隋。颜之推写作《颜氏家训》的目的是“辨正世俗之失，以戒子孙”[①]。《颜氏家训·治家第五》中说：

生民之本，要当稼穑而食，桑麻以衣。蔬果之畜，园场之所产；鸡豚之善，埘圈之所生。爰及栋宇器械，樵苏脂烛，莫非种殖之物也。至能守其业者，闭门而为生之具以足，但家无盐井耳。今北土风俗，率能躬俭节用，以赡衣食；江南奢侈，多不逮焉。[②]

从这段文字可以看出，颜之推告诫子孙要辛勤耕作，认为耕作是“生民之本”。颜之推在训诫子孙耕作的同时也告诫子孙要重视读书，在《颜氏家训·勉学第八》，他教诲后代要勤学：

自古明王圣帝，犹须勤学，况凡庶乎！此事遍于经史，吾亦不能郑重，聊举近世切要，以启寤汝耳。士大夫子弟，数岁已上，莫不被教，多者或至《礼》《传》，少者不失《诗》《论》。及至冠婚，体性稍定；因此天机，倍须训诱。有志尚者，遂能磨砺，以就素业；无履立者，自兹堕慢，便为凡人。人生在世，会当有业。农民则计量耕稼，商贾则讨论货贿，工巧则致精器用，伎艺则沉思法术，武夫则惯习弓马，文士则讲议经书。多见士大夫耻涉农商，差务工伎，射则不能穿札，笔则才记姓名，饱食醉酒，忽忽无事，以此销日，以此终年。或因家世余绪，得一阶半级，便自为足，全忘修学。及有吉凶大事，议论得失，蒙然张口，如坐云雾；公私宴集，谈古赋诗，塞默低头，欠伸而已。有识旁观，代其入地。何惜数年勤学，长受一生愧辱哉！[③]

这段文字开宗明义，教诲子孙要勤学，士大夫的子弟长到几岁就要开始读《诗经》《论语》《礼记》《左氏春秋传》等经典著作，不管是务农、经商、做工匠、做武夫，还是读书都会有用，如果不读经书，那么遇到事情时就不知如何应对，遇到谈古赋诗的宴会时，就不能应对。

中国历史上另一个比较著名的家训是《朱子家训》，《朱子家训》为清代朱用

① 张文治. 国学治要(子部)[M]. 北京：北京理工大学出版社，2014：986.

② 颜之推. 颜氏家训[M]. 赵敬夫，注. 颜敏翔，校点. 上海：上海古籍出版社，2017：21.

③ 颜之推. 颜氏家训[M]. 赵敬夫，注. 颜敏翔，校点. 上海：上海古籍出版社，2017：62.

纯所著。朱用纯,字致一,昆山人,明诸生,自号柏庐。从朱用纯的家训中同样可以看到他对于耕读文化的推崇:

一粥一饭,当思来之不易;半丝半缕,恒念物力维艰。宜未雨而绸缪,勿临渴而掘井。自奉必须俭约,宴客切勿留连。器具质而洁,瓦缶胜金玉;饮食约而精,园蔬愈珍馐。勿营华屋,勿谋良田……子孙虽愚,经书不可不读[①]。

从这段文字可以看出,朱用纯训诫子孙一要勤劳节俭,二要读经书,体现了重耕重读的家风和家族传统。

隋唐之后兴起的科举制度,更推助了耕读文化的发展。“朝为田舍郎,暮登天子堂”,这句耳熟能详的话语既描绘了科举制度对于农民地位的提升作用,同时也描绘了当时农民子弟半耕半读的生活——既是种田的“田舍郎”,又是通过科举考试“登天子堂”的读书人。

耕读文化的这种亦耕亦读的文化模式,也是读书人的一种生活样态。作为一种文化基因,为陶行知在学校教育中开展劳动教育提供了传统文化基础。

二、儒家文化对劳动教育的消极影响

中国一方面有着历史悠久的耕读传家的文化传统,另一方面,又有着影响深远的和耕读对立的思想观念。这种思想观念以儒家思想为代表,在汉初“罢黜百家,独尊儒术”后,这种思想也是中国封建社会的主流思想。

从记录孔子言行的《论语》中,可以看到孔子对于读书人从事生产劳动的态度,如《论语·子路》中记录了孔子弟子樊迟向孔子请教耕种时孔子的回答及其对于弟子关心农事的反应:

樊迟请学稼,子曰:“吾不如老农。”请学为圃,曰:“吾不如老圃。”樊迟出。

子曰:“小人哉,樊须也!上好礼,则民莫敢不敬;上好义,则民莫敢不服;上好信,则民莫敢不用情。夫如是,则四方之民襁负其子而至矣,焉用稼?”。

樊迟向孔子请教种庄稼和种菜,孔子认为樊迟关心农事乃短视之举,从《论语》这段话中可以看出孔子对读书人从事生产劳动的鄙夷,他认为君子要致力于读书。在孔子的思想中,“耕”和“读”是对立的,读书人只管读书,不需要耕种。

① 张文治.国学治要(子部)[M].北京:北京理工大学出版社,2014:1212.

事实上，夏产生学校后，教育从日常生活中脱离出来，学校成为专门的读书教学的机构，教育和生产劳动就开始分离。孔子的思想应是当时教育和生产劳动分离的反映。

后来孟子进一步指出了劳心者和劳力者的对立，《孟子·滕文公上》：“或劳心，或劳力。劳心者治人，劳力者治于人。治于人者食人，治人者食于人——天下之通义也。”孟子揭示了当时“劳心者治人，劳力者治于人”的社会现实，但同时给后世留下了劳力者和劳心者对立，而且劳心者高贵的思想。

尽管许多学者对孔子和孟子的上述观点进行了批判，但换个角度看，他们的说法也有一定的合理之处。孔子的思想中包含着不同职业的人各司其职的意思，读书人做读书人的事情，农民做农民的事情，不同身份的人从事不同的劳动。孟子的“劳心”“劳力”说也有这层意思，人类的劳动有两种：“劳心”和“劳力”。从“劳心”“劳力”的字面意思看，不管发出动作的是“心”还是“力”，但都是“劳”，都是劳动，从而承认了“劳心”的脑力劳动和“劳力”的体力劳动都是劳动。这恰恰说明了春秋战国时期已经有了明确的社会分工意识，不同的社会角色承担不同的社会责任，从事不同的劳动。

孔子和孟子的思想反映出当时脑力劳动和体力劳动已经分工，而且产生了脑力劳动和体力劳动的对立。脑力劳动和体力劳动的分工，是社会发展到一定阶段的产物，原本没有脑力劳动和体力劳动的区分，人类的任何一种劳动都包含着脑力和体力的支出，马克思说：“正如在自然机体中头和手组成一体一样，劳动过程把脑力劳动和体力劳动结合在一起了。”[①]其实任何劳动都包含着劳力和劳心，当社会发展到有少部分人不从事体力劳动，而专门从事非体力的管理、教育等以脑力劳动为主的工作时，就产生了脑力劳动和体力劳动的分化，而脑力劳动者掌管和分配社会财富，把体力劳动者生产的衣服、食物等生活资料进行再分配时，他们反而比体力劳动者获取更多的份额，这就引起体力劳动者的不满和对抗，“不稼不穑，胡取禾三百廛兮？不狩不猎，胡瞻尔庭有县貆兮？彼君子兮，不素餐兮！”《诗经》中的这些诗句反映了体力劳动者对统治者不劳而获的不满和斥责。脑力劳动和体力劳动分工，不仅造成体力、脑力劳动的矛盾和对立，也导致劳动的异化，劳动本来是人类维持生存和谋求幸福的手段，却被异化为阶级统治

① 马克思.《资本论》选读和简论[M].北京：华夏出版社，2016：204.

的工具。

但从积极意义上看，体力劳动和脑力劳动的分化，促进了教育、文化等的繁荣。孔子和孟子的体力劳动和脑力劳动分离的思想，一方面揭示了当时体力劳动和脑力劳动分工的社会现实，同时也把教育之类的精神文化活动和社会管理工作都看作了劳动，看到了不直接从事生产劳动的脑力劳动对社会的价值和意义。

然而，在儒家的思想体系中，不管是孔子的劳教分离，还是孟子的脑力劳动和体力劳动的对立，都多少带有脑力劳动者高贵，体力劳动者低贱，推崇读书的意思，因此旧中国一直有着根深蒂固的“万般皆下品，唯有读书高”的思想。

从社会学的视角看，读书人自视高人一等，有一定的客观原因。春秋战国时期“学在官府”，学校大多是由官方主办的，只有贵族才能进入学校受到教育，普通老百姓没有受教育的权利和机会。从身份上看，受教育的读书人是高高在上的贵族；从教育机会看，读书机会是稀缺的，只有少部分人可以获取，获取稀缺资源的小众群体和大众相比，心理上会有一种优越感。这种优越感会体现在方方面面，在衣着上，读书人穿长衫，鲁迅的小说《孔乙己》中的孔乙己，即便穷困潦倒，但还是要穿着标明读书人身份的长衫，“孔乙己是站着喝酒而穿长衫的唯一的人”，孔乙己之所以即便是在非常穷困的时候还要坚持穿长衫，是因为在他眼里长衫是读书人的象征，代表了非同一般老百姓的读书人的身份和才学；在言语方式上，读书人不用日常语言，而用老百姓听着似懂非懂的“之乎者也”，以显示其学问的高深和广博；走路、做事等也要四平八稳，端着架子，以彰显读书人文质彬彬的气质。在古代士、农、工、商四大社会阶层中，“士”(即读书人)排在首位。读书人，有较高的社会地位，有优渥的待遇，有良好的社会声望，中国自古有“书中自有黄金屋，书中自有颜如玉”的说法，这也难怪中国人一直推崇读书以求取功名。读书代表着高贵、高雅，“鄙俗”的体力劳动自然受到读书人的排斥。

再者，从读书的目的看，读书不是谋食，而是谋道。孔子说：“朝闻道，夕死可矣。”孔子谋的是仁义礼智之道，后世的读书人谋求的是孔孟圣贤之道。教育的目的决定教育的内容，既然教育孜孜以求的是精神层面的“道”，劳动教育自然不在读书人的视野之内。

儒家“学而优则仕”的思想，在科举制度下，演变成一种文官制度，把读书和做官联系了起来，读书好就可以做官。在权力至上的中国封建社会，读书带来社会地位的升迁，这助推了世人对于读书重要性的认知，“两耳不闻窗外事，一心只读圣贤书”，成为当时读书人生活样态的真实写照。读书人成了只知读书不问世事的书呆子，学校成了专门制造书呆子的机构。

在儒家思想的影响下，学校成了知识传授的机构，生产劳动被摒弃在学校大门之外，“中国的教育有着悠久、复杂的历史，它的一些观点和看法至今仍有影响，例如脑力和体力自然是分离的”①。

脑力和体力分离，读书和生产劳动分离，这为陶行知的劳动教育思想的产生提供了现实需要，也是他对传统教育批判，提出劳动教育思想的历史原因和现实动因。

三、中国古代学校中的劳动教育：基于学规、学则的考察

学校产生后，学生专事读书，脱离生产劳动，由此产生脑力劳动和体力劳动的分离，但劳动教育并未在学校教育中完全消失，从古代的学规、学则中可以发现劳动教育仍然存在于学校中。

（一）《弟子职》中的劳动教育

《弟子职》是春秋时期的一部学生守则，有人考证说其是战国时期齐国都城临淄的稷下学宫的学则。《弟子职》规定了学生在学校应遵守的规则和纪律，后收入《管子》一书中。《弟子职》的内容包括早作、受业、对客、进食、洒扫、执烛、请衽、复习等内容，其中的早作、进食、洒扫、执烛等都有劳动教育的内容，现仅就洒扫的内容进行分析，看其中包含的劳动教育因素。

凡拚之道：实水于盘，攘臂袂及肘，堂上则播洒，室中握手。执箕膺揲，厥中有帚。入户而立，其仪不忒。执帚下箕，倚于户侧。凡拚之纪，必由奥始。俯仰磬折，拚毋有彻。拚前而退，聚于户内。坐板排之，以叶适己，实帚于箕。先生若作，乃兴而辞。坐执而立，遂出弃之。既拚反立，是协是稽。暮食复礼。②

上面的这段话翻译成现代汉语就是：一般洒扫的方法，把清水盛入盘中，把

① 费正清.观察中国[M].北京：世界知识出版社，2001：214.
② 耿振东.管子译注[M].上海：上海三联书店，2018：284.

衣袖挽到肘部，厅堂上扬手洒水，室内掬手近泼。手拿畚箕使箕舌对着自己，畚箕中放进扫帚。进门之后先要站立，仪止不能出错。拿起扫帚就放下畚箕，将其靠在门侧。凡洒扫的方法，一定是从房屋西南角开始。一俯一仰像磬一样弯曲，不要搬动其他物品。从前往后边退边扫，把垃圾集中在室内。蹲下来用木板把垃圾排进畚箕，让箕舌对着自己，把扫帚放进畚箕。先生若此时有事要做，便暂停扫除。拿着畚箕站立在一旁，然后出门倒掉垃圾。洒扫完毕后返回站立，这样才合乎规矩。晚饭用餐重复以上礼仪①。《弟子职》对洒扫的内容规定得非常详尽，怎么洒水，怎么扫地，怎么收集垃圾，对动作、礼仪、注意事项等都说得非常清楚明白。由此看来，古代的学校不仅让学生从事洒扫之类的日常劳动，而且注意教授给学生日常劳动的知识和技能。

（二）《童蒙须知》中的劳动教育

《童蒙须知》，又名《训学斋规》《童子须知》，为南宋理学家朱熹撰写。《童蒙须知》成书于 1176 年，主要包括“衣服冠履”、“言语步趋”、“洒扫涓洁”、“读书写文字”和“杂细事宜”五部分内容，“夫童蒙之学，始于衣服冠履，次及言语步趋，次及洒扫涓洁，次及读书写文字，及有杂细事宜，皆所当知。今逐目条列，名曰《童蒙须知》。”②对儿童的穿衣戴帽、语言行为、洒扫庭除、读书写字、待人接物等做了详尽的规定，其中的“洒扫涓洁”部分体现了对儿童的劳动教育。

洒扫涓洁第三

凡为人子弟，当洒扫居处之地，拂拭几案，当令洁净。文字笔砚，凡百器用，皆当严肃整齐，顿放有常处。取用既毕。复置元所。父兄长上坐起处，文字纸札之属，或有散乱，当加意整齐，不可辄自取用，凡借人文字，皆置簿抄录主名，及时取还。窗壁、几案、文字间，不可书字。前辈云：“坏笔污墨，瘝子弟职。书几书砚，自黥其面。”此为最不雅洁，切宜深戒。③

《童蒙须知》明确规定了儿童要洒扫住所、擦拭几案、整理笔砚，保持住所、几案干净，笔砚整齐，取用笔砚后物归原处。从中可以看出古代教育注重对儿童劳动习惯、生活习惯的培养。

---

① 耿振东．管子译注［M］．上海：上海三联书店，2018：285.

② 陈弘谋．五种遗规［M］．南京：凤凰出版社，2016：7.

③ 陈弘谋．五种遗规［M］．南京：凤凰出版社，2016：9.

从以上两个学规中可以看出,尽管古代的教育和生产劳动脱离,但劳动教育依然存在于教育场域中,而且非常注重对儿童劳动知识、劳动技能、劳动习惯的培养。这种注重劳动教育的学校传统文化无疑为陶行知的劳动教育提供了历史参照。

从中国历史上看,尽管儒家文化促使教育和生产劳动分离,但耕读传家的社会文化和注重儿童日常劳动的学校传统,使劳动教育存在于学校当中,而且一直都没有中断过。

在耕读传家的文化背景下,在家庭,儿童要从事耕种之类的生产劳动。在重视道德的教育传统影响下,学习环境的整洁作为一项德育内容走进儿童的日常,因此,儿童在学校要从事洒扫庭除之类的体力劳动。但,不管是家庭劳动还是学校劳动,劳动的目的都指向劳动行为本身,在家耕种就是为了获取维持生存的食物,在学校劳动就是为了保持学习环境的清洁,都不在意于引导儿童体会劳动过程中的情感体验,也不着意于对劳动态度和价值观的培养,更不引导儿童创新劳动的方式和方法。从上文的学规、学则看,如何拿工具,如何打扫,如何把垃圾弄到畚箕里都规定好了,儿童只可以照章办事,不能随意作为;不鼓励,更不看重儿童的创造性劳动。究其本质,无论是家庭劳动,还是学校劳动,都还停留在劳动层面,教育的意味比较淡薄,甚至可以说,有劳动无教育,换言之,没有严格意义上的劳动教育。劳动教育作为一种实践性、复杂性的教育形态,在中国古代教育场域中仅仅处于萌芽状态。

在儒家思想的影响下,读书人视劳动为分外之事,在这种思想观念的作用下,对劳动观念、劳动习惯、劳动态度、劳动价值等的培养都是空中楼阁。汉代独尊儒术以后,在漫长的封建社会,劳动教育在教育场域中几乎是空白的。

四、古代劳动教育的简要评析

(一)有劳动,无教育

清末新教育改革,开始在学校开设手工科,真正教育意义上的劳动才开始进入学校,在此之前的数千年里都没有真正意义上的劳动教育。劳动存在于学校日常生活中,劳动内容是洒扫庭除之类的日常清洁活动,劳动的目的是维持正常的学校生活秩序，既无精神价值的追求，也没有物质产出的期待，儿童在劳动过程中就是遵照师长的要求从事打扫卫生之类的工作，劳动情感、劳动价值、劳动态度、劳动创造等都无从谈起，因此，在漫长的古代社会，基本上可以说是有劳动，无教育，没有真正意义上的劳动教育。

（二）劳动教育处于萌芽状态，没有形成制度化的劳动教育

在中国古代社会，尽管洒扫庭除之类的劳动存在于教育现场，但劳动教育既没有单独设科，也没有进入课程，只是维持环境清洁的一种行为和手段。学校作为制度化的教学机构，它的教学活动是有目的、有计划、有组织地实施的，按照一定的社会要求，把儿童培养成合格的社会成员。在古代社会，劳动只是一种日常行为，洒扫庭除之类的劳动一般没有系统的、规范的计划和组织，它的目的指向环境，清洁、宜人的环境是为了保证儿童能够很好地学习四书五经，劳动仅仅充当了正常学习的保障，并不是目的，劳动没有进入教育的视野。

（三）劳动的目的旁落在德育上

中国古代劳动教育忽略了劳动本身的教育意义和价值，日常清洁之类的劳动即便有点教育的意味，也是从德育的目的出发的，着力点在于培养规则意识，比如，《弟子职》对儿童扫地有明确规定："执箕膺揲，厥中有帚。入户而立，其仪不忒。执帚下箕，倚于户侧。"这几句话规定了儿童扫地时怎么拿畚箕，将扫帚放在哪里以及进门后的行为和仪止等，其实就是一个简单的拿来畚箕用扫帚扫地的行为，却规定了这么多，不厌其烦地规定如何行为，目的就是让儿童遵守规则，约束性情，其目的在于对儿童道德的塑造，正如朱熹所言："人生八岁，则自王公以下，至于庶人之子弟，皆入小学，而教之以洒扫、应对、进退之节"；[①]"学之大小，固有不同，然其为道，则一而已。是以方其幼也，不习之于小学，则无以收其放心，养其德性，而为大学之基本"[②]。从朱熹的这两段文字来看，小学对儿童进行洒扫之类的教育，其目的是"收其放心，养其德性"，教育的目的在于对德性的培养。

---

① 朱熹. 四书章句集注[M]. 北京：中华书局，1983：1.

② 朱熹. 四书或问[M]. 上海：上海古籍出版社，2001：1.

（四）劳动教育异化为"惩罚教育"

"劳心者治人，劳力者治于人"，这种二元对立的劳动观念认为脑力劳动高于体力劳动。长期受这种观念的影响，儿童便会认为体力劳动不是一件光荣的事情，再加上有时教师把劳动作为处罚学生的手段，这种错误做法进一步加剧了儿童对此的错误认知，劳动教育在某种意义上异化成了"惩罚教育"，进一步加剧了儿童对劳动的抵触心理[①]。

（五）劳动教育受到科举制度的压制

科举制度是一种应试制度，在这种应试制度之下，教育的目的是应试，科举考什么，学生就学什么，儒家经典四书五经为科举考试的主要内容，劳动不在考试之列，因此，劳动教育一直处于被忽视的地位。"学而优则仕"的教育着力点在"学"，目的在"仕"，培养的是做官的"劳心"者，而"劳力"者被排斥在学校培养目标之外。

（六）五育割裂背景下，忽视了劳动教育的立德、健体、育美、增智的功能

中国古代的教育以智育、德育为主，缺体、少劳、弱美，是一种残缺的片面的教育，更缺乏各育之间融合的思维。

中国古代的教育主要是智育和德育，《论语·述而》中说："子以四教：文、行、忠、信。"这四个方面实际上指文献典籍与道德品行两方面，这两个方面可以归到智育和德育。汉代之后儒学独尊，主要是四书五经之类的人文教育，而科学教育缺失，因此，古代的智育也是片面的残缺的。隋唐以后，四书五经成为科举考试的指定书目，科举考试时考生要代圣人立言，不能随意发挥，实际上，古代以人文为主的教育，主要是一种基于思想控制需要的思想政治教育。它通过智育进行德育，德育成为教育的首要和主要目的。体育没有进入教育场域，对学生身体的锻炼处于被忽略的状态。常年的伏案学习，对读书人的身体造成巨大的伤害，所以，中国一直有"文弱书生"的说法，书生不仅是文质彬彬的，更是体弱的。美育，也只是隐含在教育过程中，诗词等的学习含有美育的成分，但美育没有成为

① 宁本涛．融合创新让劳动教育更具生命力[N]．中国教育报，2021-03-24(5)．

明确的教育目标。劳动教育，尚处于萌芽状态，而且在意识上，读书和劳动是对立的，长期形成的对于读书人生活样态的刻板印象和社会期待等，让读书人远离劳动。同时，对劳动教育的理解狭隘化，把劳动等同于简单的体力劳动，矮化、窄化了劳动教育，忽视了劳动的立德、健体、育美、增智的功能。

中国古代教育对育人方式的误解，认为读书是培养社会精英的唯一手段，忽视了劳动教育的育人价值，无劳动教育的观念，也无劳动教育的需求，更无劳动教育的动机，因此，劳动教育无一席之地。古代的学校教育，五育残缺、五育失衡，重德、智，轻劳、美、体。

（七）忽视劳动的意义和价值，没有看到劳动对社会发展的积极影响

在中国古代，不重视劳动，鄙视体力劳动，认为体力劳动是卑贱之人做的事情，社会精英不屑为之，这直接阻碍了技术的发展。众所周知，科学教育的缺失使古代中国科学技术逐渐落后，而技术的落后则部分源于对劳动教育的忽视和轻视。生产技术的创造是在劳动场景中产生的，社会精英远离劳动，直接阻碍了技术的进步和发展。清末面对西方列强的武力入侵，中国无招架之力，科学和技术的落后是主要原因，而科学和技术的落后却是教育长期累积的结果。

（八）用脑不用手的教育

中国古代的教育是片面的教育，是用脑不用手的教育。因此，教育的形态是安静地读书，这种教育被陶行知等人讽刺为死读书、读死书、读书死的“死”教育。学生醉心于诵读四书五经之类的经典，远离生活和社会实践，获取的很多是空疏无用的知识。因此，读书人在现实生活中几乎毫无用处。

第三章　劳动教育在西方的历史演进

在欧美的劳动教育思想中，劳动或劳作也有广义和狭义之分。其中，狭义的劳动一般是指手工劳动，广义的劳动则指"身体工作"和"精神工作"的全部活动。客观地讲，一种纯粹机械的、与精神工作不相连的体力工作是没有陶冶价值和教育意义的，不能算是"教育学上的工作"，教育工作（也就是劳动教育）必须是在工作之先，有一定精神的思考。

陶行知的教育思想深受美国进步主义教育思想的影响，1914 年他留学美国，硕士阶段就读于伊利诺伊大学，1915 年到哥伦比亚大学教师教育学院攻读教育学博士，陶行知的劳动教育思想必然受到美国等西方国家教育思想的影响。

劳动教育早期在西方的历史境遇和中国相似，教育家憎恶、反对劳动教育。像古希腊的教育家柏拉图和亚里士多德都反对劳动教育，认为劳动是身体的苦役，是奴隶做的事情。但是西方和中国有不同的教育传统，重智的西方教育和重德的中国教育有着不同的价值追求，劳动教育在西方有着自己独特的演进路径。

一、西方劳动教育思想的演进

文艺复兴时期教育家开始关注劳动教育的价值，后来捷克教育家夸美纽斯最先把劳动教育引入教育学，"他要求儿童学会从事一切诚实的劳动，不做人间的寄生虫和赘疣"[①]。再后来，英国的洛克和法国的卢梭均认为劳动对儿童的发展具有重要的意义。瑞士教育家裴斯泰洛齐在人类教育史上第一次把教育与生产劳动结合起来，以促进儿童的和谐发展和社会的改造。20 世纪初，德国的凯

① 檀传宝，王啸. 中外德育思想流派[M]. 北京：人民教育出版社，2015：205.

兴斯泰纳举办劳作学校，把“书本学校”改造为“劳作学校”，劳动不仅成为学校的一门课程，而且贯穿于学校所有的课程教学中。19世纪末，美国进步主义教育运动产生后，变以知识获取为目的的学科中心课程为注重儿童经验获取的活动课程，烹饪、木工、缝纫之类的劳动活动进入课程，劳动教育融入学校教育之中。

关于西方劳动教育思想的演进，民国时期李化方有一本重要的著作《欧美劳作教育思想史》，该著作完成于1936年。由这本书我们可以推知以下几点，一是民国时期已经对劳动教育进行了深入的研究，二是民国时期形成了劳动教育热潮。作者在该书的《自序》中说：“我编这本书的动机，是因为近年来阅读关于劳作教育的书籍，发现各家主张未尽一致，出入甚大，甚至彼此诋訾……以其结果辑成一书，既可为自己研究的准绳，亦可供我劳作教育界参考之一助……现在国内正提倡劳作教育，需要此类书籍。”①

就中国目前的劳动教育思想史的研究来看，当前中国还没有一本真正系统的中西方劳动教育思想史著作。虽有些硕博士论文对中西方劳动教育思想史进行了简要的回顾和梳理，但往往有挂一漏万之嫌，而且不能透析前人劳动教育思想之要领，因此，很有必要介绍一下李化方先生的这本关于欧美劳动教育思想的经典之作。河南人民出版社也许和笔者有着同样的感受，于2016年在中国再版该著作。

由于本书是对陶行知劳动教育思想的研究，仅把西方劳动教育思想作为陶行知劳动教育思想的来源之一，因此，没有必要详尽地介绍西方的劳动教育思想，一是避免喧宾夺主，二是李化方先生的著作已经写得甚好，没有必要再做重复。现把李化方先生的《欧美劳作教育思想史》简要介绍一下。

该著作以历史上教育家的劳作教育思想对于社会的影响为标准，来选取教育家进行研究。它不仅叙述了历史上教育家的劳作教育思想，而且探讨了教育家劳作教育思想产生的社会背景、当时教育的现实需要、教育家的教育祈求，同时还探讨了宗教、心理、伦理、哲学等学科的变迁对劳作教育思想产生的影响。该著作从文艺复兴时期开始叙述，写到李化方先生所处的20世纪30年代，分前后两编，共18章，从英国的空想社会主义者谟耳写到德国的全德教育会议。

① 李化方.欧美劳作教育思想史[M].郑州：河南人民出版社，2016：自序1-2.

二、杜威的劳动教育思想

杜威是美国进步主义教育的代表,陶行知在哥伦比亚大学就读时,杜威是他的老师之一,加之杜威在五四运动前后来华演讲两年,他的思想深刻影响了中国教育,当然,也深刻影响了陶行知。历史上西方教育家的劳动教育思想均对陶行知产生了影响,但对陶行知影响最大、最为直接的是杜威,陶行知被美国教育学者休伯特·O. 布朗称为“中国教育中的美国进步主义”①。

杜威对陶行知的深刻影响,从陶行知生活教育理论的内容中可以看出来。杜威进步主义教育思想的三大命题为“教育即生活”、“学校即社会”和“从做中学”,陶行知生活教育的三大命题则为“生活即教育”、“社会即学校”和“教学做合一”。陶行知的生活教育理论立足于中国社会和教育状况,把杜威的教育理论翻了个身。尽管陶行知的生活教育理论和杜威的教育理论有差异,但用词极为相似,由此可以看到杜威对陶行知的影响之深,甚至可以这样说,陶行知的生活教育理论脱胎于杜威的教育理论。因此,本书着重介绍杜威的劳动教育思想,并由此探明陶行知劳动教育思想的西方渊源。

(一)劳动是现代教育之必需

传统教育认为教育是儿童未来生活的准备,成人的生活是儿童未来生活的标准,教育就是把成人认为有用的东西灌输给儿童,“传统的教育目的与儿童直接的、现实的生活无关,不考虑儿童的发展水平和能力,因而不能引起儿童积极的主动的活动”②。

在传统教育那里,儿童学习的内容是前人的间接经验,“间接的知识,别人的知识,往往变成仅属字面上的知识”③。这些知识外在于儿童的经验,不能组织到儿童的经验之中,这种知识就变成纯粹的言辞,即纯粹的感觉刺激,没有什么意义。这样的学习实质上是一种伪学习。

针对传统教育的弊端,杜威认为教育即生长,生长即为教育的目的。教育就

① 许美德,等. 中外比较教育史[M]. 上海:上海人民出版社,1990:183.
② 陆有铨. 躁动的百年——20世纪的教育历程[M]. 济南:山东教育出版社,1997:17.
③ 杜威. 民主主义与教育[M]. 王承绪,译. 北京:人民教育出版社,2001:205.

是儿童经验的改造，儿童通过有目的的活动获取经验，对已有的经验进行改造和重组，从而让心智和道德获取生长。教育是通过儿童的活动进行的，这种活动是有目的的、有预期结果的行动。杜威把知识学习变为活动学习，变“听中学”为“做中学”。杜威认为劳动是现代教育之必需，其理由如下：

1. 社会变了，教育也要随之变化。“教育方法和课程正在发生的变化如同工商业方式的变革一样，乃是社会情况改变的产物，是适应在形成中的新社会的需要的一种努力。”①欧美18世纪工业革命以后，社会急剧变化，工业生产创造了巨额财富，而创造财富的不是闲暇的贵族，而是掌握了生产技术的工人。由此，人们的观念也发生了变化，改变了原来对从事体力劳动的劳工的鄙视，甚至视劳工为神圣，社会“建设起劳动文化的时代”②，“劳动是人类之神圣的义务之时代，学校就不能不是教以劳动、养成劳动人的场所了”③。

因此，人们对学校的观念发生了颠覆性的变化，学校由原来远离劳动，专门从事知识传授和学习，培养知识人的场所，变为培养劳动人的场所，原来被摒弃于学校之外的劳动进入学校，成为学校教育的内容。

从杜威的表述中，我们可以看到，社会变了，教育也必须随之进行变革。社会进入工业时代以后，社会对人才的要求也发生了变化。单纯追求精神高贵的绅士之教育，不再受人推崇；具有一定知识和技术的产业工人，为社会所需要。教育要适应社会的需要，就要培养“劳动人”(即技术工人)。

2. 大部分学生将成为普通劳动者。培养普通劳动者，还有现实的原因：即大部分年轻人受教育程度的原因：半数以上的学生读完小学五年级或者在此之前就离开学校进入社会，只有5%的学生进入中学，不足1%的学生进入大学④。从以上的数据可以看到，有学术兴趣和学术追求的学生，只占很小的比例，大部分学生在学校获取基本的读写算能力后就离开了学校，也就是说大部分学生将成为未来的劳动人。那么，学校教育就要顾及大部分有着做和制造兴趣的学生需要，进行劳作教育。

3. 家庭手工业消失。随着大工业的生产，家庭和邻居职业状况改变了，学

---

① 杜威.学校与社会·明日之学校[M].赵祥麟，等译.北京：人民教育出版社，1994：28.

② 李化方.欧美劳作教育思想史[M].郑州：河南人民出版社，2016：159.

③ 李化方.欧美劳作教育思想史[M].郑州：河南人民出版社，2016：160.

④ 杜威.学校与社会·明日之学校[M].赵祥麟，等译.北京：人民教育出版社，1994：37.

校必须开展劳动教育予以补偿。在工厂制度产生之前，存在着家族和邻里制度，家庭手工业发达，"穿的衣服，绝大部分是在家庭里缝制的；家庭的成员一般都熟悉剪羊毛、梳理羊毛和纺羊毛以及纺织机的操作。室内照明的整个过程，不是按一下电灯开关就行，而要经历宰杀牲畜，提炼油脂，制成烛芯，制造蜡烛这样长时间的辛勤劳动。面粉、木头、食物、建筑材料、家具，乃至金属用品，如钉子、铰链、锤等等的供给，都是附近的作坊生产的。这些作坊，经常供人参观，往往是邻近地区集会的中心。因此，从田间原料的生产到成品的实际应用这一整个过程，都明显地显示出来，不仅如此，而且实际上每个家庭的成员都分担了工作。当儿童有一定的力气和能力时，就逐步地传授给各种生产过程中的诀窍。这是直接和亲自关切的事情，甚至可以说是到了实际参与的程度"①。家庭手工业的存在，使儿童参与到家庭手工业的劳动中，分担家庭劳动，由此可以培养儿童遵守秩序、勤劳的习惯。家庭劳动除了具有道德教育的功效外，还具有智育的功能，儿童在家庭纺织作坊、锯木工场、磨坊、制桶工场和制铁工场等场所中参与劳动，还可以培养他们的观察力、创造力，以及建设性的想象力、逻辑思维。

但是，欧美工业革命以后，大工厂制度产生，工业的集中和社会的分工消灭了家庭手工业，儿童丧失了在家庭中进行劳动教育的机会。在杜威看来，儿童除了知识的学习外，更需要在实际的劳动活动中培养道德、发展智力。家庭和邻居职业状况发生根本的改变，教育必须对此作出回应，把原来在家庭中实施的劳动引入学校教育中，"学校必须提供过去由家庭负责的那些教育因素"②。

4\. 社会存续的需要。社会的存续，需要社会成员具有公共精神，"社会是由一些循着共同的路线，具有共同的精神，并参照共同的目的而活动的个人聚集在一起而成的。这种共同的需要和目的，要求日益加强思想的交流和感情的和谐一致"③。而在传统的教育中，儿童通过静听进行学习，儿童的学习是独自进行的，儿童学习的目的是自我学业成绩的提高，这种教育只能培养自私自利的未来社会成员，"单纯地吸收事实和真理，完全是个人的事情，很自然地流于自私自利。缺乏鲜明的社会动机而只求单纯的学习收获，即使有了成绩，也不能明显地

① 杜威.学校与社会·明日之学校[M].赵祥麟，等译.北京：人民教育出版社，1994：29.

② 杜威.学校与社会·明日之学校[M].赵祥麟，等译.北京：人民教育出版社，1994：30.

③ 杜威.学校与社会·明日之学校[M].赵祥麟，等译.北京：人民教育出版社，1994：32.

有益于社会"[①]。就学校而言,评价儿童学习成绩的优劣,是通过比较背诵和考试的结果,识别出哪个儿童在强记和积储大量的知识方面好于其他儿童,这就导致儿童之间的学业竞争,以至于出现"一个儿童对其他儿童的学习有了帮助就算是犯罪"[②]。这种缺乏互助、合作,儿童以追求自我发展和自我卓越为目的的传统教育,培养的是利己主义者,无所谓培养社会存续和良好发展所需要的公共精神。

那么如何培养未来社会成员的公共精神?把学习书本的学校变为儿童生活的地方,"我们必须按照这种作业的社会意义把它们看作是社会自身赖以前进的各种过程的模式;看作是使儿童确实感到社会生活的一些基本需要的手段;看作是使这些需要由于日益发展的人的理解力和创造力而得到满足的方式。总之,把它们看作是一些方法,通过它们,学校自身将成为一种生动的社会生活的真正形式,而不仅仅是学习功课的场所"[③]。通过作业(劳动),学校与生活相联系,成为儿童生长的地方,儿童通过直接生活进行学习。在劳动中,儿童共同完成预期的活动,行动的过程需要儿童彼此的合作和共同的努力,行动的结果是儿童共有的,不是属于某一个人的,这样的学校有可能成为一个小型的社会,一个雏形的社会。教育即生活,学校即社会,儿童通过劳动培养出公共精神,成为未来合格的社会成员。

5. 劳动是儿童未来人生幸福的需要。儿童在学校中的劳动不是单纯的手和眼的事情,而是需要与科学相联系的活动,儿童"由此所得的科学的洞察力,乃是自由而主动地参加现代社会生活不可缺少的工具"[④]。科学的洞察力,使他在行动时有自己的思想,做事的方法、目的和理解都出自他自己的思想,是一种自主、自由的,对他有意义的行为。这样他在未来的社会中是一个真正的自由人,而非只遵从别人的意志或被别人的思想所控制的奴隶。

劳动教育可以防止社会成员在工业生产中被异化。通过劳动教育,儿童在有目的的活动中,学习科学的方法,领会人文的精神。"每一个人都应该受教育,这种教育使他能够在他的日常工作中认识它含有重大而有人生的意义。今天有

① 杜威.学校与社会·明日之学校[M].赵祥麟,等译.北京:人民教育出版社.1994:32.
② 杜威.学校与社会·明日之学校[M].赵祥麟,等译.北京:人民教育出版社,1994:32.
③ 杜威.学校与社会·明日之学校[M].赵祥麟,等译.北京:人民教育出版社,1994:31-32.
④ 杜威.学校与社会·明日之学校[M].赵祥麟,等译.北京:人民教育出版社,1994:37.

多少被雇佣的人不过是他们所使用的机器的附属品"①,学校通过劳动教育,使儿童认识到劳动的价值和人生的意义,避免在大工业生产中成为机器的附属品,而是感受到人的尊严和价值。在大工业时代,劳动教育是使人成为人的教育。

6. 劳动是儿童心理和兴趣的需要。现代心理学理论表明,儿童天性好动,有活动的心理需要和兴趣,教育要顺应儿童的心理和兴趣需要,"当儿童有机会从事各种调动他们的自然冲动的身体活动时,上学便是一件乐事"②。心理学研究还表明,探索、操作工具、表现欢乐情绪等先天的倾向,具有基本的价值。如果把这些作为学校课程的内容,儿童就能专心致志地学习,并能通力合作。在这样的教学活动中,儿童是全身心投入和快乐的。

儿童通过活动的学习是真正有效的学习,而非伪学习。在活动中,儿童获取新的经验,已有的经验得到改造,儿童知识的获得是从事有目的的活动的结果,而不是应付学校功课的结果。

7. 教育往往异化为知识的获取,无法满足学生全面发展的需要。学校自产生之日起几乎就以知识的获取为目的,在此有一个值得追问的问题——知识对于儿童的成长足够吗?基于前人经验的知识是以抽象符号的形式存在的,儿童的学习就是在教师的指导下尽力理解和记忆那些以抽象符号为载体的所谓知识。传统教育把抽象符号的学习及其自由运用看得至关重要,教育视同纯知识的、学术的研究,而"这种教育大体上只能投合人性的理智方面,投合我们研究、积累知识和掌握学术的愿望;而不是投合我们的制造、做、创造、生产的冲动和倾向"③。显然,片面的知识教育无法满足儿童成长的需要,顺应儿童制造、做、创造、生产的冲动和倾向,学校就必须开展基于活动的各种劳动作业。

再者,从学校教学的形式看,传统的以知识为目的的教学,是从听中学,教师讲,学生听,这就要求统一的教材、统一的进度,教师成为教学的中心,儿童成为知识的被动接受者,成为学习活动的被动者,所以他们缺乏学习的积极性和主动性。同时,统一教材、统一进度、统一管理难以顾及儿童的个性化需求,无法满足儿童个性发展的需要。

因此,传统的知识教育,既不能满足儿童全面发展的需要,也无法满足全体

---

① 杜威.学校与社会·明日之学校[M].赵祥麟,等译.北京:人民教育出版社,1994:38.

② 杜威.民主主义与教育[M].王承绪,译.北京:人民教育出版社,2001:211.

③ 杜威.学校与社会·明日之学校[M].赵祥麟,等译.北京:人民教育出版社,1994:39.

儿童发展的需求。以儿童活动为中心的教育，让儿童分组活动，自我学习，教师辅助儿童完成活动任务。儿童既是教学的中心，也是教学活动的主体，而且每个儿童都可以参与其中，这样既满足了儿童学术学习的需要，也满足了儿童制造、做、创造、生产的需求。

（二）手工劳动教育为特色的课程内容

既然劳动教育在工业革命以后是学校所必需的，那么，拿什么来进行劳动教育呢？即劳动教育的特色内容是什么呢？杜威认为，人类共同的事务集中于衣、食、住、家具以及与生产、交换和消费有联系的工具。这些东西代表生活的必需品和装饰品，这种事情接触到儿童本能的深处，它们充满了具有社会性质的事实和原理。学校的园艺、纺织、木工、金工、烹饪等活动，就是把上面所说的人类基本事务引入学校课程中去。因此，学校的劳动教育内容为园艺、纺织、木工、金工、烹饪等①。

杜威认为，学校的课程应该包括主动的作业、地理和历史、自然科学这三大板块。他把主动的作业放在课程的首要位置，强调让学生从做中学，反映了他对手工劳动的重视。当儿童有机会从事各种调动他们的自然冲动的身体活动时，上学便是一件快乐的事，儿童管理不再是一种负担，学习也比较容易了。在杜威看来，没有主动的作业，就不可能有正常的有效的学习；主动的作业能减少儿童在校内生活和校外生活之间的隔阂，使其产生学习动机，养成合作的习惯。

杜威把主动的作业分为游戏和工作两种，它们都是有目的的活动，区别只是时间的长短而已。学校可以采用的作业大致分为三类。一是材料性的作业，例如使用纸片、木料、皮革、黏土、金属等材料；二是程序性的作业，例如折叠、切割、测量、做模型、制图等；三是工具性的作业，例如使用锤子、锉刀、锯子、仪器、笔等。在杜威看来，学校的园艺、纺织、木工、金工、烹饪等活动，可以把人类基本的共同的事务引进学校课程，可以使儿童本身的社会活动成为学校科目相互联系的真正中心。可见，通过一系列的学校作业，学生进行制造与改造活动，这组成了杜威手工劳动教育的核心内容。

以上所述，杜威把原来摒弃于学校之外的园艺、纺织、木工、金工、烹饪等引

① 杜威. 民主主义与教育[M]. 王承绪，译. 北京：人民教育出版社，2001：217.

入学校课程之中，旨在打破学校和社会的隔阂。

（三）“以劳育人”的劳动教育方法

1. 劳动要具有教育性价值。园艺、纺织、木工、金工、烹饪这些劳动项目进入学校，它们如何发挥教育的作用？换言之，这些进入学校的项目一定要具有教育价值，学校采用什么样的教育方法，使它们具有教育性？

学校作为培养人的专门机构，它本身质的规定性决定了它的行为边界，任何行为都必须具有育人价值，否则，就是不当的作为。

园艺、纺织、木工、金工、烹饪等，这些进入学校的劳动教育与社会性生产劳动不同，目的不在于劳动产品和报酬，而在于活动过程。学校里的劳动教育也不是职业训练，使学生获取专门技术，而是作为科学地理解自然的原料和过程的活动中心，作为引导儿童去认识人类历史发展的起点①。

劳动本身不是目的，目的是这些劳动的教育，即劳动一定要具有教育性，对于儿童才具有育人价值。例如煮鸡蛋，如果一个学生只是想煮一个鸡蛋，他把鸡蛋放在水里煮三分钟，叫他取出时他就取出，这仅仅是劳动，但没有教育性，煮鸡蛋不能被称之为劳动教育；如果在煮鸡蛋时，那个学生看它何时达到烫手的程度，何时达到即将沸腾的程度，何时沸腾，并弄清不同温度对蛋白质的影响。煮完鸡蛋后，那个学生不仅学会了煮鸡蛋，而且懂得了煮鸡蛋的原理，了解了温度对蛋白质的影响，那么，这种煮鸡蛋就是劳动教育。“如果一个孩子由于认识了事实、材料和所包含的条件而实现他自己的冲动，然后按照那种认识去调整他的冲动，这就有了教育性。”②

杜威认为教育即经验的改造。园艺、纺织、木工、金工、烹饪等，都是活动，那么，什么样的活动才能对儿童的经验进行改造？什么样的活动才能称之为教育？要增加经验的意义，使它具有教育的意义，一个重要的条件就是要对所从事的种种活动相互间的关系和连续性有所认识。这同盲目的活动是有区别的，盲目的活动不知道它干什么，也就是说，不知道它和其他活动有什么相互的作用。而一个具有教育或教学意义的活动，能使人认识到过去未曾感觉到的某种联系。所

---

① 杜威. 学校与社会·明日之学校[M]. 赵祥麟，等译. 北京：人民教育出版社，1994：35.

② 杜威. 学校与社会·明日之学校[M]. 赵祥麟，等译. 北京：人民教育出版社，1994：47.

以，只有将人对环境的动作和动作的结果联系起来，经验才具有教育的价值[①]。

经验既不同于机械的活动，又不同于任性的活动，它具有能增加或控制后来经验的能力。也就是说，有教育作用的经验既是日后新经验的基础，又是解决未来问题的方法。当新的问题得到解决以后，经验的内容也因之而增加。换言之，旧的经验得到了改造。经验的特性就是这种前后连贯的不断改造[②]。

“经验包含一个主动的因素和一个被动的因素，这两个因素以特有形式结合着。只有注意到这一点，才能了解经验的性质。在主动的方面，经验就是尝试——这个意义，用实验这个术语来表达就清楚了。在被动的方面，经验就是承受结果。我们对事物有所作为，然后它回过来对我们有所影响，这就是一种特殊结合……单纯活动，并不构成经验……作为尝试的经验包含变化，但是，除非变化是有意识地和变化所产生的一系列结果联系起来，否则它不过是无意义的转变。当一个活动继续深入到承受的结果，当行动所造成的变化回过来反映在我们自身所发生的变化中时，这样的变动就具有意义，我们就学到了一点东西。”[③]

通过上面的论述可以得知，劳动作为一种活动，在活动中，儿童有所作为，产生一定的结果，当儿童感受到活动中的前后联系，而且活动产生的结果对儿童有所影响时，儿童就在活动中获取了经验，而且改造了已有的经验，这样的活动(劳动)就具有教育性。

因此，对于劳动教育而言，教育是目的，劳动是教育的载体和途径。劳动教育的过程，是儿童一系列的活动，儿童是积极的实施者和体验者，教师是辅助者，儿童是劳动教育的中心。劳动教育就是儿童在劳动中活动，找到活动的各个动作之间的联系，感知活动的结果，获取经验。

园艺、纺织、木工、金工、烹饪等，都是劳动的形式，劳动教育的目标指向不在劳动本身，而是指向教育，利用儿童对活动的兴趣，把儿童的行为引向知识。“园艺的教学并不需要为了培养未来的园林工人，也不是用来作为舒适的消遣办法。园艺的作业为了解农业和园艺在人类历史上和现在社会组织中所占的位置，提供了一个研究的途径。在用教育的方法加以控制的环境中进行园艺的作业，能借此研究有关生长的事实、土壤化学、光线、空气和水分的作用，以及有害的和有

① 陆有铨.躁动的百年——20世纪的教育历程，[M].济南：山东教育出版社，1997：15.

② 陆有铨.躁动的百年——20世纪的教育历程，[M].济南：山东教育出版社，1997：15-16.

③ 杜威.民主主义与教育[M].王承绪，译.北京：人民教育出版社，1990：148.

益的动物生活等”①。

从杜威的这段话中,我们清楚地看到,园艺劳动只是途径,目的是获取“农业和园艺在人类历史上和现在社会组织中所占的位置”,“有关生长的事实、土壤化学、光线、空气和水分的作用,以及有害的和有益的动物生活”,这些知识性的东西才是园艺劳动的目的所在,这清楚地显示了学校场域中园艺劳动的特点和目的,劳动仅仅是形,教育才是质。

2. 对待儿童的劳动教育要避免形式化和游戏化。园艺、纺织、木工、金工、烹饪等以儿童活动为主的课程,顺应儿童的兴趣和天性,儿童可以快乐地在活动中行动种教育活动中,教师要把儿童引导到工作中,避免形式化和游戏化,以免造成教育的浪费。

游戏和工作都是活动,都是一种有目的的活动,“在工作中,更加要求继续不断的注意,在选择和计划工作手段时,必须表现更多的智慧。”②工作有持续的明确的结果意识,保持持续不断的注意,而且投入更多的智慧,也就是工作需要更多的意志力、专注力和智力的投入。但是游戏的态度却有利于工作,把工作变成一种艺术,可以愉快地完成预期的成果,“工作始终渗透着游戏态度,这种工作就是一种艺术——虽然习惯上不是这样称法,在性质上确是艺术”③。

3. 儿童劳动教育要避免变成强迫性劳动。劳动教育作为一种教育活动,是基于儿童的兴趣开展的,劳动教育的目的是内在于活动之中的,是活动本身过程的一部分。如果用外在于活动的目的来强迫儿童劳动,那么这种劳动就失去了教育意义,变成了一种苦力。“在外部压力或强制的情况下进行的活动,这种活动并不带有任何意义。活动的过程本身并不令人感到满意;它只是避免某种惩罚,或者结束时获得某种报酬的一种手段。忍受一种本身令人厌恶的事情,这是为了防止某种更加令人厌恶的事情,或者获得被别人扣住的好处。”④

(四)“知行合一”的儿童劳动教育融合意蕴

儿童通过活动获取知识,在行动中获得新经验、改造旧经验,从而产生真正

---

① 杜威.民主主义与教育[M].王承绪,译.北京:人民教育出版社,1990:213.
② 杜威.民主主义与教育[M].王承绪,译.北京:人民教育出版社,1990:217-218.
③ 杜威.民主主义与教育[M].王承绪,译.北京:人民教育出版社,1990:219.
④ 杜威.民主主义与教育[M].王承绪,译.北京:人民教育出版社,1990:218.

有效的学习。劳动教育不仅锻炼了儿童的肌肉，强健身体，更能促进智力、道德等全面发展，“在学校里，教育被认为是使少年儿童在身体、心智以及适应物质环境和社会关系的能力等各方面得以发展成熟的一个过程”[①]。

在劳动过程中，通过园艺、纺织、木工、金工、烹饪等劳动形式，儿童要充分协作，尽力工作，从中培养出合作的公共精神和负责任的品格，由此把儿童引向善。

劳动是科学的基础，与科学紧密相连，“在人类历史上，各门科学都是从有用的社会作业逐步发展起来的。例如，物理学就是慢慢地从应用工具和机械发展起来的；物理学的一个重要部门如力学，英文的原意可以证明它原来是和机械有关的。杠杆、车轮、斜面等等，便是人类最早的知识方面的伟大发现。这些发现虽然是在寻找达到实用目的的工具的过程中发生的，但仍然是知识方面的发现”[②]。劳动不仅是活动，更重要的是对材料、工具等进行探究，劳动教育过程是科学探究的过程，是儿童求真、发展思维和创造力的过程。

杜威认为“从做中学”是手工劳动教育的基本原则。儿童生来就有一个自然的愿望，要做事，要工作，对作业活动有强烈的兴趣。因此，杜威提出“学校即社会”，建议把学校办成一个小型的社会，以便儿童能参与社会活动，掌握一些基本技能。在学校中，手工劳动、教学过程应该是“做”的过程，儿童应该从自身的活动中学习。杜威指出：“人们最初的知识和最牢固地保持的知识，是关于怎样做的知识；应该认识到，自然的发展进程总是从包含着从做中学的那些情节开始。”[③]

与此同时，杜威也高度重视青少年的职业教育，这与他把教育视为建设国家、改良社会、促进人的发展的重要工具的观点是分不开的，他把青少年的职业教育与学校学生的“主动的作业”、儿童的活动和手工劳动结合起来了。“职业就是指任何形式的继续不断的活动，这种活动既能为别人服务，又能利用个人能力达到种种结果”[④]。

在进行职业教育时，“通过作业进行的训练，是唯一适当的职业训练”[⑤]。需

① 梅休，等. 杜威学校[M]. 王承绪，等译. 北京：教育科学出版社，2013：161.
② 杜威. 民主主义与教育[M]. 王承绪，译. 北京：人民教育出版社，1990：214.
③ 单中惠. 西方教育思想史[M]. 太原：山西人民出版社，1996：628.
④ 杜威. 民主主义与教育[M]. 邹恩润，译. 北京：商务印书馆，1928：319.
⑤ 滕大春. 外国教育通史(第 5 卷)[M]. 济南：山东教育出版社，1993：315.

要指出的是，杜威明确反对狭义的职业训练，他说：“唯一可供选择的办法，就是使一切早期的职业预备都是间接的，不是直接的；就是通过从事学生目前的需要和兴趣所表明的主动作业。只有这样，教育者和受教育者才能真正发现个人的能力倾向，指示在今后生活中应选择何种专门的职业。”①为了更好地实施职业教育，杜威还提到应该把职业教育与普通课程构成一个完整的学校教育体系，这样在一定程度上有助于消除知识与行动、理论与实践的隔离。总之，杜威主张通过主动的活动进行职业教育，实际上也就是以儿童已有的生活经验为基础的学校课程内容，与手工教育、劳动教育密不可分。因此，杜威的手工教育与劳动教育的出发点与归宿实质是职业教育。

总之，进入现代社会，以杜威为代表的西方劳动教育特别是学校劳动教育出现了一系列新变化。首先，劳动教育的育人功能显著增强。现代社会对人的素质特别是青少年的综合素养提出了更高的要求。其次，帮助学生认识到学习也是学生的主要劳动，教育学生从小勤奋学习，将来担负起艰巨的劳动任务。再次，劳动教育的形式日益多样化，现代劳动教育可以分为自我服务劳动、社会公益劳动、生产劳动等形式。劳动教育的内容进入了课程计划、课程标准和教学大纲，明确了劳动教育内容的性质与价值，保障了劳动教育内容的合法性和有效性。劳动教育的实施方法更加严谨、灵活，更适合学生身心特征。

① 赵祥麟，王承绪.杜威教育论著选[M].上海：华东师范大学出版社，1981：217.

第四章 民国时期劳作教育热潮

中国劳作教育发端于清末，1904年清政府颁布的《奏定学堂章程》中提出学堂开设手工科。南京国民政府成立后，把手工科更名为劳作科，并扩大了劳动教育的范畴，把家事、校事、农事、工艺等都包括在劳作科之内。

南京国民政府时期，留美生主导了中国教育改革的方向，中国教育也由原来的学习日本转向了学习欧美。同时，由于五四运动前后杜威、克伯屈等进步主义教育家访华，他们的教育主张深入地广泛地影响了中国教育。从做中学，变学习的学校为劳作的学校，成为当时教育界的共识，中国教育掀起了轰轰烈烈的劳作教育热潮。

一、培养劳动人

民国时期经历千年未有之大变局，社会巨变，人们的思想也发生颠覆性的变化。一是劳工神圣，工农受到尊敬，无所事事、游手好闲的小姐和少爷受到鄙视，从当时的词汇——“小姐病”“少爷病”，就可以看出公众对小姐和少爷的态度，把小姐和少爷的娇生惯养、不事劳作看作一种病态。

由此，教育的育人取向也发生了变化。中国有着悠久的“学而优则仕”的传统，在古代，读书做官，在大众心目中是最为普遍的逻辑，受教育的目的就是要进入社会管理层，成为国家精英。民国时期，教育的育人目标转向工农业生产者——普通的劳动人。

育人目标变了，育人的行为必然会发生变化，教学内容和方式也必然会发生颠覆性的变革。既然是培养劳动人，那么从事农业生产的劳动的身手、劳动的精神、劳动的技能等的培养是教育中的应有之意。

民国时期的乡村小学紫间初小,把劳作教育的诸多效用列举如下:1. 有生产的兴趣和技能。2. 能助理家务。3. 能助理校务。4. 能学习应用的技能。5. 有劳动的身手。6. 能发展创造的思想和能力。7. 有改良农事工作的志愿和智慧。8. 能利用废物,故随时随地见了废弃之物都加以珍爱,并能设法利用。9. 能明了农工业之重要,并系高尚正当之职业,故无鄙视农工之观念[①]。

"能明了农工业之重要,并系高尚正当之职业,故无鄙视农工之观念",通过劳动教育认识到工农业的重要,消除职业歧视,不鄙视农工,认识到农工是高尚、正当的职业。在观念上,消除儿童将来从事工农业生产劳动的障碍,愉快地成为劳动人,"消除职业阶级的观念,化除职业歧视。学过木工的儿童,不仅不会看不起木匠,而且会佩服木匠的技能"[②]。

"有劳动的身手""有生产的兴趣和技能""有改良农事工作的志愿和智慧",通过劳动教育锻炼出儿童胜任工农业生产的体力,培养出从事工农业生产必需的兴趣、技能、志愿和智慧。让儿童将来喜欢从事工农业生产,有体力、能力从事工农业生产,而且创造性地从事工农业生产(改良农事)。通过劳动教育,把儿童培养成一个劳动人,一个优秀的劳动人。

当时劳作教育的积极倡导者姜丹书则进一步指出,要通过劳动教育培养平民化的德性和习惯,"养成勤劳、刻苦、简朴、忍耐等平民化的德性和习惯"[③]。劳作课从煮饭到种植都涵盖在内,从小学到初中毕业十年的时间,可以使儿童习惯成自然,养成平民的德性,去除小姐病和少爷病;练就生产的基础,勤劳是生产的基础,有了勤劳的德性就肯动手做工,通过中小学 10 年的劳动训练,能使儿童养成勤劳的品德[④]。通过煮饭、种植之类的工作,养成吃苦耐劳的平民德性和习惯,即从事工农业生产的劳动人的德性和习惯,就是让儿童具有从事工农业生产之德,对从事吃苦耐劳的工农业体力劳动习惯成自然。

"教育的一个结果,是希望全国人民都是生产者,都有生产的训练准备。"[⑤]把儿童培养为工农业生产者,一是这是由当时农业凋敝、工业落后的国情决定

① 劳作教育实施报告[J].上海县教育月刊,1935(55):62-70.

② 姜丹书.劳作教育的药剂性及实施的先决问题[N].民报.1933-5-29(8).

③ 姜丹书.劳作教育的药剂性及实施的先决问题[N].民报.1933-5-29(8).

④ 姜丹书.劳作教育的药剂性及实施的先决问题[N].民报.1933-5-29(8).

⑤ 翟菊农.平民化与生产化的教育[M]//郭丽,徐娜.乡村建设派[M].长春:长春出版社,2013:272.

的，二是出于对当时教育状况的考虑，大量的中学毕业生由于缺乏生产技能，毕业即失业，难以找到工作，同时一些中学甚至大学生毕业后只想到教育系统、政府部门工作，不肯到工厂或者农村就业，成为高级游民。此外，由于当时中国高校数量少，大部分中学毕业生无法进一步深造，中学毕业后大多数就业，就业的途径就是从事工农业生产。以培养工农业劳动者为主要目的的教育，具有平民化的生产化的价值取向①。

二、劳作教育成为教育的中心

在平民化的生产化的教育追求下，劳作教育成为中小学教育的中心，把学习的学校变成了劳作的学校，当时全国“以劳动服务为实施学校教育与民众教育之中心”②。在政府的倡导、欧美劳作教育思想的影响下和教育界人士的推动下，民国时期出现了劳作教育热潮，劳作教育热潮状况请参阅后文“从江宁县看民国时期劳作教育热潮”部分。

三、大力培养劳作科师资

劳作教育成为教育的中心，这就意味着把劳作教育放在了中小学重中之重的位置，当时要求小学每周 150 分钟的劳作教育、中学每周 180 分钟的劳作教育时间。然而，劳作教育由于是新开设的学科，师资极其匮乏，为了解决中小学劳作师资短缺的问题，教育部指定北平师范大学、上海私立美术专科学校、私立新华艺术专科学校开办劳作专修科，培养中学师范劳作科师资，修业年限 3 年③。图 4-1 和图 4-2 的照片为民国时期北平师范大学劳作教师训练科开学和授课时的情境。

小学劳作师资的培养，由各省市教育行政机关指定办理得比较好的师范学校或职业学校 1 所，办理劳作科师资训练班，修业年限为 2～3 年。

---

① 翟菊农. 平民化与生产化的教育[M]//郭丽，徐娜. 乡村建设派[M]. 长春：长春出版社，2013：272.

② 蒋委员令. 以劳作为教育之中心[J]. 陕西教育月刊 1927(4)：1.

③ 教育部令. 师大等校开办劳作专修科[N]. 大公报. 1937-6-29(3).

图 4-1 国立北平师范大学工艺劳作师资训练科开学师生合影

资料来源:《师大月刊》1936 年第 30 期第 1 页。

图 4-2 国立北平师范大学工艺劳作师资训练科授课

资料来源:《师大月刊》1936 年第 30 期第 1 页。

四、劳作教育的理论探讨

和教育实践的劳作教育相呼应，教育理论界对劳动教育展开了较为深入的研究。王云五、李圣五主编的《生产的劳作教育》，探讨了劳作教育的意义、理论、实施办法和实施劳作教育的问题；方达哉、金宸枢的《乡村小学劳作教育》，探讨了乡村小学实施劳作教育的意义和实施方法；吴守谦、吴文鸣的《小学劳作教学法及教材》，就劳作教育的教学目标、教学方法、教学过程、劳作教材等进行了研究；李化方的《欧美劳作教育思想史》，系统梳理了欧美教育家的劳作教育思想。

民国时期关于劳作教育的理论探讨，杨效春的《劳作教育的理论和实施》，特别值得一提。

杨效春(1895—1938)，又名兴春，浙江义乌柳村人，毕业于南京高等师范教育专修科，民国时期著名乡村教育家。他先后在陶行知创办的晓庄学校和梁漱溟主持的乡村建设运动中工作，为中国乡村教师培养和乡村建设运动立下了汗马功劳。后在安徽省立黄麓乡村师范学校做校长，1938 年以“莫须有”的汉奸罪名被杀。杨效春不仅是教育实践者，而且在教育理论上有颇多建树，著有《行将一岁的南京试验乡村师范》《从晓庄到邹平——八年来乡村工作概述》等。

杨效春的《劳作教育的理论和实践》一文，探讨了劳作教育和德智体美之间的关系，是当时所及最早探讨劳动教育和德智体美相融合的论文。他认为劳作教育和智育有密切的关系，“真的智育不是仅教书本……乃是要学生自已去做筋肉的劳作，在劳作中间，学习种种事物的”[①]，在杨效春看来，智育须通过劳作来完成；对于德育而言，更是无法离开劳作，“劳作是智慧之本，也是仁慈之源。真的德育，不是单单写些天经地义的规条，或仅仅举些躬行实践的模范，叫儿童照着去做就可以成功的；乃是要儿童在共同生活或共同作业中间，得着体验道德的机会。身体的劳作就是吾人自立之路，救世之门；也是吾人涵养‘勤敬’、‘诚实’、‘俭朴’、‘互助’、‘尊重劳动’及‘人类同情’等德性最简捷的途径”[②]。关于劳作教育和体育的关系，杨效春指出劳作教育就是体育，“适当的劳作就是适当

① 杨效春.劳作教育的理论和实施[J].中华教育界，1932(3):101-105.
② 杨效春.劳作教育的理论和实施[J].中华教育界，1932(3):101-105.

的体育”“劳作的本身就是滋长儿童身心发展的体育”①。美育需通过劳作实现，特别是在当时国贫学贫的情况下，美育更是需要劳作来实施，乡村小学场地清洁，教室环境的布置，校园的美化等一些美的创造和设施都需要乡村教师引导儿童出力劳作，而后方可以得到，“没有劳作，即没有美的创造，也没有美的设施”。杨效春把劳动教育放在了重要的位置，认为是德智体美之本源，从事劳作，就可以增智、培德、健体、育美。

如果说杨效春在《劳作教育的理论和实践》一文中提出了五育融合的思想，那么他的《黄麓造林运动与我们的教育》一文则体现了在分科课程体系下如何实现劳作教育和德智体美的融合。师生通过荒山植树造林去私为公，进行道德教育，通过劳作教育和语文、地理、化学等学科的融合，进行智育、体育和美育，例如语文教学，让学生写作劝说各村农友合作造林书、造林运动问答、造林生活日记、给家长或者亲友报告该校造林活动等；公民课，学习孙中山实业计划和造林运动，造林合作与民生主义生产，中国农村青年的责任与义务等；体育课则让学生上山挖土植树；卫生课学习森林和人健康之间的关系；数学课，学习测绘林场、编制造林预算；地理课，学习黄麓师范所在地的黄山山脉、河流、荒地和林业；美术课，让学生站在黄山之巅，远瞰巢湖，启发学生对于自然美的欣赏；音乐课，听唱造林歌和高山流水之曲。由此可见，劳作教育就像一条线，把各科联系在一起，共生共荣，共同育人。

在中国教育史上，杨效春是“五育融合”思想最早的提出者，他不仅提倡五育融合，而且在教育实践中探寻出了五育融合的实施路径。

五、从江宁县看民国时期劳作教育热潮

从江宁县劳作教育热况可以窥见民国时期劳作教育轰轰烈烈的样貌。1927年4月18日国民政府定都南京后，把原江苏省省会江宁县的城区划为南京市，城区之外划为江宁县，“划外廓以内地为南京市”，“外廓以外地为江宁县”②，江宁县地处京郊，得风气之先，江宁县是当年的模范县，“江宁县是京县，不仅是苏

① 杨效春.劳作教育的理论和实施[J].中华教育界，1932(3)：101-105.
② 叶楚伧，柳诒征.首都志(上)[M].南京：正中书局，1935：32.

省六十县的领袖,而且是全国千余县的表率"[1]。它的教育也走在了全国前列。通过江宁县劳作教育状况,可以看到当时劳作教育的热烈状况。

(一) 学校劳动

学校劳作教育,师生除了例行的校舍、场院洒扫之外,还要从事修筑操场、人行道等学校基础设施的建设,还要在学校种植庄稼和蔬菜等,江宁县立中学的学生在"劳作方面,除每日分区洒扫,以及其他关于校容之布置外,凡关于农事园圃、操场、行人道之建筑等,皆有学生为之。[2]"学生在校学习,不是坐享其成,而是对学校进行积极的建设和改造。

(二) 农场劳动

民国时期,政府号召学校利用闲置的荒山和荒地开办农场,开展劳作教育。1933 年,江宁县政府通令各学校创办农场,作为学生从事农事和进行乡村生计教育的场所,到 1934 年江宁县各学校创办农场 82 处,最大的农场有数十亩,最小的有 1 亩左右。农场一般不雇佣帮工,由师生共同劳作,农场的收益要么由学校发给贫寒学生购买书籍,要么用于学校购买设备[3]。

(三) 公益性劳动

民国时期,学校不仅是教育机构,更是社会改造的发动机关。江宁县的小学兼有乡村自治和乡村社会改造的重任,小学是乡村自治和乡村改造的中心,小学对乡村社会的环境、文化、经济、政治等进行全面的改造。

1. 建造公园。政府要求在条件允许的情况下,每个学校必须建造一个乡村公园。1934 年江宁县小学共建造公园 30 所,或依山傍水,或完全出自人工,规模一般不大。既可以作为学校校园,也可以为民众休闲场所。[4] 乡村公园的建立,一方面可以美化环境,另一方面可以改善乡民的休闲娱乐方式,戒掉到茶馆

---

① 饮冰.江宁县的存废问题[N].都市政公报.1928(26):"言论"第 3 页.

② 王垚.江宁县政概况·教育[J]. 江苏,1930(59):21.

③ 董美英.民国时期生活教育镜像——南京晓庄学校中心小学的历史人类学探究[M].南京:河海大学出版社,2017:18.

④ 董美英.民国时期生活教育镜像——南京晓庄学校中心小学的历史人类学探究[M].南京:河海大学出版社,2017:18.

赌博、吸大烟的不正当娱乐。通过建造乡村公园的劳作，可以培养儿童团结协作的品格和服务大众的公共精神。

2. 植树造林。为了改造环境，增加收入，培养为公共服务的国民，开展轰轰烈烈的植树造林运动。因为学校是乡村改造的中心，因此，植树造林，也是由学校师生带领乡民进行的，学校师生要动员乡民合作造林。植树造林，是一个席卷全国的运动，是有组织、有计划地进行。当时造林歌在社会上传唱：

朋友！这是什么时候？
冬季梅花开，春光最可爱。
拿松铲，上山崖，快把树来栽！
深深掘开土，浅浅把根埋，
底下结实砸，上面轻松盖。
荒山造林，有志竟成，大家一起来！①

江宁县从1933年3月中旬开始“凡近荒山各学校，学校皆领导人民植树五千株”，1933年共造林1920亩。②

3. 修筑道路。作为乡村改造者，学校师生积极进行道路改造，修筑新路，便利交通，图4-3和图4-4展示了当年小学生出发修路和修路时的情境。

图4-3　俞塘试验区西村小学生准备出发去修路

注：本图源自《俞塘试验区西村生活教育园筑路之影》，第473页。

① 杨效春. 黄麓造林运动与我们的教育[J]. 中华教育界，1935(6)：39-44.

② 王垚. 江宁县政概况·教育[J]. 江苏，1930(59)：21.

图 4-4　俞塘试验区西村筑路之影

注：本图源自《俞塘试验区西村生活教育园筑路之影》，第 473 页。

六、关于民国时期劳作教育热的冷思考

民国时期，在教育救国思潮的影响下，教育不仅育人，更担负了救国的社会责任。学校不仅是育人的场所，更是社会改造的中心。学校融入了社会，承担了更多的社会责任。就劳作教育而言，学校师生不仅负责学校本身的清洁、绿化、美化之类的事情，还要担负美化社会环境、改造基础设施等重任。作为接受教育的未成年人，是否应该承担成年社会的责任？这是值得思考的问题。

变"学习的学校"为"劳作的学校"，以劳作为学校的中心，在当时的社会状况下，是否有必要？根据上文对杜威的论述，学校劳作教育的开展是为了弥补家庭劳作活动的缺失，但是在当时中国，85％以上的是农民，儿童回家要帮助家长做

家务、带看弟妹、放牧牛羊，年长的儿童还要帮助父母到田地里干活。在此情况下，学校还有必要占用这么多的时间进行劳作教育吗？与其同时代的欧美，已进入大工业生产时代，学校开展劳动教育是必要的。而还是农业国家的中国学习欧美开展劳作教育，是否有忽视本国国情、生搬硬套之嫌？

学校和其他社会组织的区别，就在于知识的学习和传授，这也是它存在的理由和逻辑前提。就劳作技能的培养而言，工厂、乡村更有技术和设备优势，学校就是"学"的地方。把文化知识的学习放在次要位置，把劳作放在首要地位，是否有本末倒置之嫌？

民国时期，新式学校和私塾的竞争中，起初新式学校输给私塾，乡民更愿意把儿童送入私塾，不愿意把儿童送入学校就读，1934 年乔启明在江宁县淳化镇的社会调查，反映了私塾的兴旺和新式小学的不振。

教育在淳化镇乡村社会中，是不很发达的，大半学校，多系私塾，俗名叫作"蒙馆"，就是在一个乡村中的农人，他们互相联合起来，大家摊派几个钱，请一位能教四书五经的老先生，来教学生读古书，在淳化镇乡村社会里五十六村中，共有三十四村，有了这种私塾，占全体村数中百分之五一.八（注：乔启明先生计算有误，应为 60.7%），什么新式小学，倒反很少。近年江宁县政府及私人方面，极力提倡，到了现在，总算共有五个村庄，已经设立，但亦仅占全体百分之七.一（注：乔启明先生此处计算也有误，应为 8.9%）。[①]

1934 年，在江宁县淳化镇私塾占 60.7%，小学占 8.9%，私塾的数量是学校的近 7 倍，这除了乡民思想保守和文化拒斥的原因外，新式学校的"学"味淡，是不是也是其中的一个原因？种树、修路，乡村的农民都会，儿童在家就可以学习这种本领，何必把儿童送入学校呢？

劳动人的培养目标，是不是学者和官方的一厢情愿？教育承担着阶层流动的社会功能，如果一个农家子弟受到了若干年教育之后还是一个在乡村干活的农民，是不是会影响农村子女读书的积极性？农民还会热心送他们的子女去读书吗？曹诗弟在《文化县》一书中曾感慨，乡民的文化愿望和乡村建设者的教育初衷是背道而驰的，乡民更希望通过教育让子女离开乡村，进入城市。

劳作教育对于儿童的成长是必要的，但劳作教育在学校教育中应处于何种

① 乔启明.江宁县淳化镇乡村社会之研究[J].金陵大学农学院丛刊，1934(23)：16.

位置，在学校教学中应占多少份额，这些都需要科学的研究，热情不能代替科学，需要基于科学之上的严格的论证和分析。教育目标应是什么？什么样的教育目标是合宜的？这些要基于教育和社会的发展规律来定，不能单凭社会或者个人喜好来确定。

总之，民国时期掀起的劳作教育热潮，构成了陶行知开展劳动教育的时代背景，他开展的劳动教育是那个时代劳作教育大潮中的一个典范。

第五章 陶行知的劳动教育思想

陶行知于1891年出生于安徽省歙县黄潭源,原名陶文浚,后来他把名字改为知行,随后又改为行知,1913年在金陵大学就读,1914年到美国留学,先就读于伊利诺伊大学,1915年到哥伦比亚大学师范学院修习教育学,师从斯特雷耶、孟禄和杜威等,1917年回国后应郭秉文的邀请到南京高等师范学校执教,后辞去大学教职,致力于平民教育、乡村教育,1946年病逝于上海。

陶行知的整个人生适值清末民初社会转型期,是"历史上最为汹涌澎湃,而又最富于创造性和激动人心的时期之一"①,时势造英雄,这种生活背景决定了陶行知不平凡的一生,"他以无穷的精力和热情,投入了每一个阶段,投入了每一个趋势和观念的新浪潮。无论是向中国介绍进步主义教育、五四运动、平民文化,乡村建设、战时教育,还是工人大学,陶总是站在最前列,不倦地筹办学校,操办教育协会,编辑学刊"②。陶行知借鉴杜威的实用主义教育学说,结合中国国情,创造性地提出了生活教育理论,创办了中国历史上第一所乡村师范学校——南京晓庄试验乡村师范学校,创生了普及教育机构——上海山海工学团,创建重庆育才学校、重庆社会大学等。作为教育家的陶行知,他对中国教育从传统向现代化的转型发挥了重要作用,是中国近代为数不多的既有教育理论又有教育实践的教育家。

在民国劳作教育思潮中,陶行知也是站在时代潮头的弄潮儿,他提出了系统的劳动教育思想,他主办的学校里开展的劳动教育,成为民国时期劳动教育的典范,受到当时教育界人士的推崇。

---

① 许美德,等.中外比较教育史[M].朱维铮,等译.上海:上海人民出版社,1990:188.

② 许美德,等.中外比较教育史[M].朱维铮,等译.上海:上海人民出版社,1990:188.

一、劳动教育的内涵

陶行知把劳动教育的定义包含在生活教育的定义中,在《生活即教育》一文中,他说:"是生活就是教育,不是生活的就不是教育;是好生活就是好教育,是坏生活就是坏教育;是认真的生活,就是认真的教育,是马虎的生活,就是马虎的教育;是合理的生活,就是合理的教育,是不合理的生活,就是不合理的教育;不是生活就不是教育;所谓之'生活',未必是生活,就未必是教育。……是康健的生活,就是康健的教育,是不健康的生活,就是不健康的教育;是劳动的生活,就是劳动的教育,是不劳动的生活,就是不劳动的教育;是科学的生活,就是科学的教育,是不科学的生活,就是不科学的教育;是艺术的生活,就是艺术的教育,是不艺术的生活,就是不艺术的教育;是改造社会的生活,就是改造社会的教育,是不改造社会的生活,就是不改造社会的教育。"①在陶行知的生活教育话语中,劳动的生活就是劳动教育。

生活教育是以生活为中心的教育。陶行知在《教学做合一下之教科书》一文中,把劳动生活分为种菜、种麦、种树、养蚕、养鸡、养鱼、养鸟、纺纱、织布、扫地10种。其实,除了劳动生活包含劳动活动外,社会生活也包含劳动活动,他把社会生活分为师生创校、创造富的社会等②,师生创校生活,师生建造校舍、操场等必须劳动;创造富的社会生活,植树造林,绿化荒山,实验推广良种也有劳动活动的成分,因此,社会生活应包括在劳动教育里面。

从晓庄学校开展劳动教育的实际状况来看,学生不仅在学校和社会上劳动,还要在家里劳动(参见后文的晓庄学校中心小学的劳动状况的有关内容)。因此,在陶行知劳动教育思想体系中,劳动教育包括学校劳动、家务劳动和社会劳动。

二、开展劳动教育的动因

劳动教育作为一种新的教学内容进入学校教育,改变了原来以静坐为主的

① 陶行知.陶行知全集(卷2)[M].成都:四川教育出版社,2005:397-398.

② 陶行知.陶行知全集(卷2)[M].成都:四川教育出版社,2005:535-536.

学校教学样态,变静为动,从做中学,从做中求进步。教学中心也发生了转移,由以教师为中心变为以学生为中心。师生关系也发生了变化,由师道尊严变为师生平等。

劳动教育进入学校,对于教育的革新意义,如同哥白尼提出日心说,具有颠覆性意义。一直被排斥在学校之外的劳动,在民国时期进入学校,除了上文说的受欧美劳作教育思潮的影响外,陶行知先生还有他作为教育家的独特思考。

(一)变死教育为活教育

1."死"教育

陶行知把传统教育概括为:读死书,死读书,读书死。"[①]对于中国传统教育的这种状况,美国基督教传教士阿瑟·亨德森·史密斯以其对中国教育长达30余年的深入细致的观察为基础,在他的《中国乡村生活》一书中对此进行了生动具体的描绘,通过他的文字,可以深切体会到传统教育"死"的特点。

读死书。所谓读死书,就是读"死"的书,读"死人"的书。阿瑟·亨德森·史密斯在《中国乡村生活》中说:"中国教育的目标是将古人的智慧强行灌输到现代人的头脑中去。"[②]古人的智慧,就是死人的智慧,是过去的经验,是死的知识。现代儿童学习的就是和当前的生活毫无关系的过去的经验,教师想方设法让儿童接受的就是远离儿童经验的死知识。这些死的知识和儿童现实的生活没有关系,进而产生理论和实践脱离的问题;儿童头脑中充斥着的这些死的知识,和现实的问题无关,因此,对现实的问题无法回应,显得呆头呆脑,成为书呆子。

死读书。对于那些死知识,所采用的教学方法为死读书,死记硬背。阿瑟·亨德森·史密斯在《中国乡村生活》中描绘的"死读书"的状况如下:

七八岁的小学生们第一次踏入学堂的时候,一个汉字都不认识。他们既不会拼读汉字,也不懂其含义。老师照着书本一行一行地领读,孩子们一行一行地跟着重复。经过一次次地纠正读音,直到学生念正确为止。学生就通过这种方法把读音和字形联系起来。随后,每个学生被指定一两行的汉字朗读。学会读音后,他们接下来所谓的学习任务,就是扯着嗓门高声朗读这些文字,有多大劲

---

① 陶行知.传统教育与生活教育有什么区别?[M]//陶行知全集(第3卷).成都:四川教育出版社,2005:519-520.

② 阿瑟·亨德森·史密斯.中国乡村生活[M].赵朝永,译.上海:上海社会科学院出版社,2019:59.

就使多大劲。所有中国人都把高声朗读看作孩子教育中必不可少的环节。如果不高声朗读,怎么确定他是不是在学习呢?既然朗读和学习是一回事,那么只要他在朗读就没有其他要求了。此时,老师的职责是通过这种朗读随时发现念错的地方并予以纠正。学生合上书能够一字不差地背出书上内容时,就算是"学会了"。然后,学生背对着老师——以免看到书上内容——飞快地背诵[①]。

那些实事求是的老师深知自己学生的实力,估计最聪明的学生也不可能理解其所背诵书籍中百分之一的内容。大多数的学生仿佛是赤着脚、蒙着眼在浓雾缭绕的崇山峻岭间奔走……即使是老师自认为已经做过详尽的讲解后,学生们可能依然没有充分理解文章的内涵。这一点在考试中已然得到证实,因为考试的答卷常常错字连篇。这表明教师的讲解不仅根本没有被学生理解吸收,就连那些经过反复诵读的文章,也只不过作为声音符号装进了学生们的耳朵里,根本没有被记在心上。[②]

通过阿瑟·亨德森·史密斯的描写,我们看到学生死记硬背的死学习,是伪学习,表面上看学习非常用功,用尽力气高声朗诵,其实学生仅仅获取了声音,并没有理解其中的意义,无法融入儿童已有的经验中,因此,也就无法获取真正的知识。

读书死,读死书,死读书的结果就是读书死。阿瑟·亨德森·史密斯在《中国乡村生活》中这样叙述读书死:

学生从幼年时期开始,就被牢牢束缚在学堂里苦读。年复一年,这种磨难不可避免会对其身体发育产生影响。胞弟六月天冒着酷暑,赤脚在田里锄地,这样的暴晒如果换了他,不消一刻就会头痛起来。胞弟从早到晚(断断续续地)累死累活地劳作,如果强迫他这么做,不消一刻,结果很可能让他口吐鲜血。毫无疑问,他的身体已经远远不如先前那样强壮了。[③]

阿瑟·亨德森·史密斯在文中用对比的手法,把死读书的书生的身体状况和没有机会读书一直劳作的胞弟进行对比,死读书的书生不堪风吹日晒,不能胜任繁重的体力劳动,从而突出死读书对于儿童身体的摧残,身体每况愈下,形同朽木,不堪一击,真的是读书死。

① 阿瑟·亨德森·史密斯.中国乡村生活[M].赵朝永,译.上海:上海社会科学院出版社,2019:53.
② 阿瑟·亨德森·史密斯.中国乡村生活[M].赵朝永,译.上海:上海社会科学院出版社,2019:56.
③ 阿瑟·亨德森·史密斯.中国乡村生活[M].赵朝永,译.上海:上海社会科学院出版社,2019:60.

死读书的书生即使没有被死读书折磨死，成年后也几将饿死，因为他们毫无求生之术，同时又自命清高。

他很少有机会学习实用的技能，也没有机会处理什么事务。学生没有时间做家务事，并非由于他的无知，而是他觉得做这种事有失身份。中国的四个阶层里，士排在第一位，下面的农、工、商地位差远了。[①]

读书人不会套牲口，不会喂牲口，不会赶马车，不会生火，不会挑水。总之，凡是体力活，他都干不了。读书人似乎整天都在思考'君子不器'这句话。除非有人希望他能切实做一个有用的'器皿'，否则他将没有任何用处。他甚至连一条凳子都不愿意搬，只要看似是体力活，他什么都不做。[②]

两耳不闻窗外事，一心只读圣贤书的读死书，使得他们既不会工农业的实用技术，也不懂待人接物之道，无一技之长，也不懂人际交往。同时，感觉自己身份为高高在上的"士"，不肯屈身从事农、工、商的工作。既不会做，也不肯做，那些不能进入"士"心理期许的教师、社会管理者领域的落魄读书人，也就只能喝西北风了。

他们中的很多人由于缺乏适应环境的能力，长期在饥寒交迫的边缘挣扎。有句至理名言说得好："贫穷和傲慢形影不离。"这句话用在中国贫苦读书人的身上再也合适不过了。他们一贫如洗，又什么都干不了，多数情况下又什么事都想干。简而言之，从政治经济学的角度看，他们的确百无一用。[③]

"一贫如洗""什么都干不了""百无一用"，阿瑟·亨德森·史密斯对于读死书的读书人的状况概括得还是比较精准的。

2. "活"教育

陶行知认识到传统的教育是毫无希望、误国害民的死教育，他要将教育进行变革，把死教育变为活教育。从晓庄学校的校旗就可以看到陶行知的教育理想——"活"，把教育变活，他的教育追求可以用一个字概况：活。晓庄的校旗是陶行知设计的，中间有一个大大的"活"字，参见图 5-1，表示晓庄学校要告别传统的读死书、死读书、读书死的死教育，实行读活书、活读书、读书活的活教育。活字的两边有代表读书的笔和代表劳动的斧头，"活"字的上面是一个"心"，表示要把整个的心献给乡村教育，"活"字两边环绕着 100 个星星，表示要召集 100 万

① 阿瑟·亨德森·史密斯. 中国乡村生活[M]. 赵朝永，译. 上海：上海社会科学院出版社，2019：60.
② 阿瑟·亨德森·史密斯. 中国乡村生活[M]. 赵朝永，译. 上海：上海社会科学院出版社，2019：61.
③ 阿瑟·亨德森·史密斯. 中国乡村生活[M]. 赵朝永，译. 上海：上海社会科学院出版社，2019，61.

个同志,建设100万个乡村小学,改造100万个乡村。把代表劳动的锄头放在校旗图案中,由此可以看到劳动教育在陶行知创办的晓庄学校中的重要地位。

图 5-1 晓庄学校的校旗

读活书。所谓读活书,就是以生活为"书"。陶行知说:"中国的教育太重书本,和生活没有联系。教育不通过生活是没有用的,需要生活的教育,用生活来教育,为生活而教育。为生活需要而办教育,教育与生活是分不开的。"①在陶行知的生活教育体系中,活教育就是生活教育,是立足于生活,为生活而进行的教育,生活是教育的逻辑起点,也是教育的逻辑终点。在他创办的晓庄学校,全部的生活就是全部的课程,"全部的课程包括全部的生活:一切课程都是生活,一切生活都是课程。我们不知道什么是课内活动和课外活动的"②。全部的生活就是全部的教育内容,把当下的鲜活的生活作为教育的内容,作为学生知识的来源。晓庄学校学生的全部活动——教学做,包括五部分:(一)中心小学活动教学做。这部分教学做占全部时值的一半,分为六组:国语算术组、公民组、卫生组、自然组、园艺组、游戏娱乐组。每组各设研究指导员。师范生每人可以选择一组或两组做研究指导员的助手。每个指导员研究所得,必须将经过情形和学生讨论,并指导学生,观察他,帮助他。小学教学做指导员由校长聘请,对于该工作负

① 陶行知.生活教育理念的创立及成长[M]//陶行知全集(第4卷).成都:四川教育出版社,1991:638.
② 陶行知.陶行知全集(第2卷)[M].成都:四川教育出版社,1991:297.

完全支配之责任。(二)分任院务教学做。全校的文书、会计、杂务、卫生等工作,都是指导员指导学生做的。全校只有一个粗工担任挑水工作,其余的工作都是学生和指导员分担的,甚至烧饭、炒菜也是自己做的。(三)征服自然环境教学做。这项包括科学的农业、造林、基本手工、卫生和其他教学做。(四)改造社会环境教学做。这项包括村自治、民众教育、合作组织、乡村调查和农民娱乐等教学做。这项教学做,从学校三里路四周着手做起。每一个小村有二人去担负责任。现在已经有了十二个小村在计划中了。"我们无论什么事都是以'做'为教学的中心的,所以这件事就算是社会工作。乡村调查,我们不在教室里学的,乃是要到十二个小村里去实行调查的。又如合作社,也是要依照各种原则,实行去组织的,不是空讲的。其他的教学做都是如此的。"(五)学生自动的教学做。这部分活动都是学生自动计划和决定的。大部分是关于个人的事情①。

晓庄学校的教育已完全突破了"教育即读书"的范式,大大拓展了教育的内容,教学实践、文化讨论、会计、文书、烧饭、炒菜、社会调查、植树造林、民众扫盲等都成为教育的内容,教育的空间也突破了学校场域,扩展到了田间地头、农家社会。他们真的是读活书——读大自然、读社会、读生活。在教育内容中,不论是中心小学教学做、还是院务教学做,还是征服自然环境和改造社会环境教学做,对于晓庄学校的师范生而言,都可以说是劳动。

活读书。在教学方法上,陶行知更是彻底放弃了传统的"读书"的教学范式,变静听为行动,主张"教学做合一"。何谓教学做合一? 1927 年 11 月陶行知先生在晓庄学校的寅会上对教学做合一进行了详尽的阐释:"教学做是一件事,不是三件事。我们要在做上教,在做上学。在做上教的是先生;在做上学的是学生。从先生对学生的关系说:做便是教;从学生对先生的关系说:做便是学。先生拿做来教乃是真教;学生拿做来学,方是实学。不在做上用工夫,教固不成为教,学也不成为学……关于种稻的讲解不是为讲解而讲解,乃是为种稻而讲解;关于种稻的看书,不是为看书而看书,乃是为种稻而看书。想把种稻教得好,要讲什么话就讲什么话,要看什么书就看什么书。我们不能说种稻是做,看书是学,讲解是教。为种稻而讲解,讲解也是做;为种稻而看书,看书也是做。这是种稻的教

---

① 董美英.民国时期生活教育镜像——南京晓庄学校中心小学的历史人类学探究[M].南京:河海大学出版社,2017:51-52.

学做合一。一切生活的教学做都要如此,方为一贯。否则教自教,学自学,连做也不是真做了。所以做是学的中心,也就是教的中心。"[①]

教师不再空讲书,学生不再呆读书,"教"和"学"都统一在"做"上进行,教师在做上教,学生在做上学。"教学做合一的理论也是集中在'做'之一字"[②],做是学的中心,也就是教的中心。通过"做"获取经验,生发出知识。教学做合一运用于教育实践,教学状况为之一新,学生由原来被动地接受老师传授现成的知识转为主动地探获知识,学生成为知识获取的主体,老师成为学生获取知识的辅助者。"教"和"学"在"做"上达到和谐统一[③]。

强调实用。背弃传统教学的教师教书学生读书的为读书而读书的做法,把教学和实际生活相沟通,"教学做有一个公共的中心,这'中心'就是事,就是实际生活"[④]。教学做以实际生活为中心,解决实际生活中的问题。[⑤]

读书活。活的教育培养的学生,不仅自己能"活",而且还让别人"活",所谓自立立人。"新教育的目的,就是要养成这种能力,再概括说起来,就是要养成'自主''自立''自动'的共和国民。"[⑥]综观陶行知先生的教育思想,他还特别强调对社会的改造精神,一言以蔽之,即自立立人。

针对不同的教育对象,陶行知提出了稍有不同的培养目标。这些都可以看作是对自立立人的诠释。《小学目标案》对儿童的要求是:"小学教育应培育手脑双全、自愿自立立人的儿童。其目标如下:1. 康健的体力;2 劳动的身手;3. 科学的头脑;4. 艺术的兴趣;5. 团结自治的精神。"《改革乡村教育案》对乡村小学教师和乡村幼稚园教师分别提出以下要求:"乡村小学教师应按照下列目标训练之:1. 农人的身手;2. 科学的头脑;3. 艺术的兴趣;4. 改造社会的精神。""乡村幼稚园教师应按照下列目标训练之:1. 看护的身手;2. 科学的头脑;3. 艺术的兴趣;4. 儿童的伴侣;5. 乡村妇女的朋友和导师。"

---

① 陶行知. 陶行知全集(第 1 卷)[M]. 成都:四川教育出版社,1991:106-107.

② 陶行知. 陶行知全集(第 2 卷)[M]. 成都:四川教育出版社,1991:18.

③ 董美英. 知识类别与教学方法的选择——对陶行知先生"教学做合一"的审视[J]. 生活教育,2013(05):11-12.

④ 金林祥,张雪蓉. 陶行知教育名著教师读本[M]. 上海:上海教育出版社,2006:94.

⑤ 董美英. 知识类别与教学方法的选择——对陶行知先生"教学做合一"的审视[J]. 生活教育,2013(05):11-12.

⑥ 陶行知. 陶行知全集(第 1 卷)[M]. 成都:四川教育出版社,1991:191.

在为了纪念晓庄学校建校两周年写的《这一年》文中，陶行知明确提出生活教育的五目标：“一、康健的体魄；二、农人的身手；三、科学的头脑；四、艺术的兴趣；五、改造社会的精神。”

健康的身体，是自立立人之本。“劳动的身手”、“农人的身手”和“爱护的身手”，是针对不同培养对象而提出的不同要求。这样的身手不仅有力气，而且会做工，能胜任工作之劳，能耐工作之苦。

“劳动的身手”，陶行知一向提倡知识分子到大众中去，做人中人，体脑结合，要求儿童练就耐劳的身手。“农人的身手”即不仅能吃农民之苦，还要具有农人的生产技能，乡村教师是在乡村工作的，如果缺乏吃苦的精神、耐劳的身体，必不能久其任。“爱护的身手”，指能胜任看护孩子工作的健康、灵巧的身手，目盲耳聋者恐不能胜任此工作。

以上是对身体的要求。“科学的头脑”“艺术的兴趣”“改造社会的精神”是从思维方式、精神追求上提出的希望。有了科学的头脑，才能避愚就智，理性地生活，自主自立；有了高雅的艺术兴趣，才能避俗趋雅，自立立人；有了改造社会的精神，才能避私为公，矢志立人。面对当时愚贫弱私的国民，衰弱待兴的国家，每个人都面临着改造社会的重任，不管是继续求学的小学生，还是将来教书的师范生，都要有这种改造社会的精神。自立的目的是为立人①。

（二）办理适合乡村需要的教育

民国时期，国弱民穷，列强入侵，国家岌岌可危，当时的社会精英集体加入救亡图存的运动，陶行知等人认为中国社会问题的根源是教育出了问题，教育救国在当时的知识界几乎成为共识，通过民众教育“使新的价值观渗透到中国人的精神世界，从根本上改变他们的意识和行动模式，这被认为是中国再生的关键”②。1925年后，陶行知的思想发生转变，他认识到中国人口中占85%以上的是农民，要救国首先要救农民，由教育救国转向教育救农，“中国农民约有三万万四千万，占人口百分之八十五。我们要想建设新中国，必须用教育的力量，来唤醒老农

---

① 此部分内容参见董美英.感喟真人——析陶行知“真人”教育目标论[J].湖南师范大学教育科学学报，2008(2).

② 佐藤慎一.近代中国的知识分子与文明[M].刘岳兵，译.南京：江苏人民出版社，2006：176.

民，培养新农民”[①]。于是，办理乡村教育，成为陶行知实现教育救国的手段。

陶行知发现中国乡村教育走错了路，从欧美照搬过来的新教育存在着城市化的问题，不符合乡村实际和需要，“现在中国的乡村教育，不合于乡村实际生活。……这种教育倘不彻底改革……我们的民族恐怕要日益贫弱，以至于灭亡”[②]。“我们相信我国现行的教育制度与我国的社会情形完全不适合；由无限农村组成的中国，应该创造出来一种农村的教育；至于从前所用的都市教育应该废弃。”[③]陶行知找到了乡村教育的问题之所在，于是致力于创造出一种立足于乡村实际，适合乡村的教育，以培养新农民。

这种适合于乡村的教育，陶行知把它表述为适合乡村实际生活的活教育，“就是建设适合乡村实际生活的活教育！我们要从乡村实际生活产生活的中心学校；从活的中心学校产生活的乡村师范；从活的乡村师范产生活的教师；从活的教师产生活的学生，活的国民。活的乡村教育要有活的乡村教师；活的乡村教师要有农夫的身手、科学的头脑、改造社会的精神”[④]。用适合乡村的活教育培养活国民，由活教师产生活学生。

那么，什么样的教育是适合乡村实际生活的活教育？如何培养出有农夫的身手、科学的头脑、改造社会的精神、活的乡村教师？从上文的关于活教育的阐述中已经知晓乡村的活教育就是用乡村的生活进行教育，用教学做合一的方法进行教学。乡村的生活，就是劳动的生活，教学做合一，亦要强调做，因此，劳动是乡村教育的应有之意。

作为救国救农手段的教育，陶行知想通过救赎教育达到救赎儿童，救赎社会，救赎国家的目的，通过把死教育变为活教育，达到把死人变成活人，把死气沉沉的社会改造为活力四射的社会，把贫弱的国家变得富强的目的。他重构教育的样态，把劳动放在教育的重要位置，劳动作为一种新的教育样态植入教育系统。

（三）教育改造乡村社会

陶行知在美国留学时“取得了教育作为中国社会、文化、政治与经济更新之基

---

① 陶行知．陶行知全集（第2卷）[M]．成都：四川教育出版社，1991：333.
② 陶行知．陶行知全集（第2卷）[M]．成都：四川教育出版社，1991：333.
③ 徐炳昶．教育罪言（六）[N]．独立评论．1933-2-196-10).
④ 董宝良．陶行知教育论著选[M]．北京：人民教育出版社，2015：196.

本手段的信念,此信念在陶后来所经历的其他种种变化中证明是不可动摇的"[①]。他认为通过教育可以使中国的社会、文化、政治、经济得以改造,达到一个理想的境地,从而拯救中国。陶行知和同时代的许多知识分子一样,认为教育是医治中国的一剂良药。在陶行知的教育思想中,教育已超出了育人的范畴,教育是社会改造的手段,"办学和社会改造是一件事,不是两件事。改造社会而不从办学入手,便不能改造人的内心;不能改造人的内心,便不能彻骨地改造社会。反过来说,办学而不包含社会改造的使命,便是没有目的,没有意义,没有生气。所以教育就是社会改造,教师就是社会改造的领导者"[②]。基于这样的认识,他立志要征集一百万同志,提倡建一百万所学校,改造一百万个乡村。学校为乡村改造的中心,教师是乡村改造的灵魂。

本着改造乡村的目的,他创办的晓庄学校,全面介入乡村社会,成为乡村政治、经济、文化、教育的中心,对乡村社会进行全面的改造。晓庄学校成立了社会改造部,下设教育、卫生、农林、交通、水利、自卫、调查等股,对晓庄学校周围的乡村进行改造。开展植树造林,绿化周围的荒山;成立联村自卫团,加强社会治安;开办民众学校,开展扫盲和教育普及工作;开办中心茶园,师生用说书、讲故事等形式,引导村民进行正当的娱乐;推广优良品种,改良农业生产;成立联村救火队,增强防灾救灾能力等。陶行知的教育,远远超出常规的学校教育范畴,"陶行知的这种教育似乎已超出了一般意义上的教育,此教育承担的功能主要是社会改造,确切地说教育只不过是现实社会改造的手段而已,社会改造是其主要目的,其教育活动的本质是社会改造活动"[③]。通过社会改造实现救国的目的,立志于救国的陶行知,教育是他救国的手段。

创办晓庄学校的立意在于社会改造,师生全面参与周围乡村的社会改造,这些社会改造活动,不管是植树造林,还是办理中心茶园等其他活动,都不是学生坐在教室里安静地听课能够完成的,都需要学生的体力劳动,因此,劳动教育在晓庄学校是最主要的教学活动。

① 许美德,等.中外比较教育史[M].朱维铮,等译.上海:上海人民出版社,1990:192.
② 陶行知.陶行知全集(第2卷)[M].成都:四川教育出版社,2005:352.
③ 吴擎华.陶行知与民国社会改造[M].合肥:安徽教育出版社:2011,52-53.

（四）知识观的变化

“用以服务于国家和乡梓的知识和技能是受人尊敬的，但若用来作为谋生的唯一手段，那就被人瞧不起了。工匠、农民或商人所需要的技术不被视为总体知识的一个部分，最开明的学校也不将这些技能列入自己的教学计划，学校连加减乘除都不教。职业准备教育是在学校之外的工作岗位上进行的。那些必不可少的技术通常是边干边学，或者在自己家里获取简单的计算知识、农耕技术和手工工艺，或者花钱出门到店铺商行去当学徒。”[①]历史上中国人对于知识的认知，可以用“万般皆下品，唯有读书高”来概括，工匠、农民或商人所需要的实用技术被排斥在知识之外，因此，学校里不教工、农、商之类的技术。四书五经等书本上的知识才是知识，通过科举考试，这种认知被合法化、权威化。清朝末年，面对列强的入侵，朝野上下一筹莫展，有识之士开始对传统的知识观产生怀疑，“师夷长技”是对传统以四书五经为主的人文知识怀疑的发端，“夷之长技”正是传统的知识观所不齿的枪炮之类的实用知识。要学习这些实用知识，一是迫于无奈，二是反映了知识观的转变——实用知识也是知识。及至民国，几千年的封建王朝被推翻，人们的思想也获得了大解放，特别是五四运动对于孔孟之道传统文化的批判，彻底动摇了传统的知识观。

何谓知识？是当时社会转型和教育转型期人们思考和必须面对的问题。对于知识的回答牵扯到教学内容的选择，在当时权威意识淡薄自由意识盛行的情况下，人们不再纠结于“谁的知识”，而着重于思考“什么是知识”。

具有反传统色彩的陶行知创办的晓庄学校更是对传统的知识观提出质疑，“我们根本怀疑读书的教育”[②]，他们不再认同书本知识才是知识的传统观念，“学校的宗旨最重‘做’，却不重视书本里的死‘学’”[③]，颠覆了传统的教育和教学观念，学生从“做”中获取直接经验，对原来的经验进行改造，进而获取新知，“做”是知识的来源，从做中获取的经验是真知识。因此，在陶行知创办的晓庄学校“注重做事，不注重读书”。晓庄学校“做事出真知”的观念颠覆了传统的知识观。

---

① 吉尔伯特·罗兹曼.中国的现代化[M].国家社会科学基金“比较现代化”课题组，译.南京：江苏人民出版社，2010：197.

② 晓庄学校主张用书不主张读书[J].湖南教育，1929(3)：7.

③ 任夫.晓庄游记[J].青年进步，1928(28)：94.

在晓庄学校,“做事”重于“读书”,读书处于次要位置,这是对传统教育观的反叛和颠覆。

何谓真知?晓庄学校也跳出了传统的思维模式,不再把古代先贤的圣训作为对错的标准,而是把是否有用作为判断的标准,“真的可以应用,伪的不能应用”。有用的即为真知识,无用的便为伪知识。

有用即真知。在这样的理念下,只要是有用的都可以被称作真的知识,陶行知大大拓宽了知识的范畴,破除了书本知识才是知识的偏见,消除了对农、工、商等实用知识的歧视。陶行知还特别指出好教育是养成学生技能的教育。当时的中学毕业生只有三分之一的可以就业,三分之一可以升学,其余三分之一成为游民。那些游民无所事事,是因为除了空疏无用的书本知识外,他们别无所能,没有一技之长。针对教育的这种弊端,陶行知主张好教育应教给学生技能,学生有了技能,就可以独立生活,为社会作贡献,譬如农夫、裁缝、商人、工人等,他们都有贡献社会的技能,各人贡献他们所做的事,可以使社会得到许多便利,在此意义上,陶行知说,教育的成绩就是技能,教育就是技能教育①。

破除了书本知识的威权和对书本知识的崇拜,知识不再是知识分子的专利,“我们相信没有专能教的老师,只有比较经验稍深或学识稍好的指导,所以农夫、村妇、渔人、樵夫都可做我们的指导员,因为我们很有不及他们之处”②。在晓庄学校,教师被称为指导员,在陶行知的眼里那些社会的农夫、村妇、渔人、樵夫等也可以做晓庄学校的教师,他们没有书本知识,但他们有劳动知识和技能。

当时对于劳动知识的认可,已深入人心,从无锡开原乡立第一小学小学生的志向就可见一斑,“愿做教员,习商,当兵,航海,外交,花行,航空,铁行,电灯厂,洋布厂,面粉厂,木匠,铁行,银行,成衣匠,丝厂,钱庄,报刊行,印刷业,猪行和大总统的学生都有”③,从小学生五花八门的志向看,他们已完全跳出传统的“学而优则仕”的思维,完全没有了中国流传几千年的读书做官的思想,木匠、成衣匠、猪行、花行、铁行、米行等,中国人传统观念中“下九流”的体力劳动行业,都可成为小学生未来的职业志向。

把劳动技能看作知识,在教育活动中开展劳动教育,也就是顺理成章合乎逻

① 金林祥,胡国枢.陶行知词典[Z].上海:上海百家出版社,2009:283.

② 陶行知.陶行知全集(第2卷)[M].成都:四川教育出版社,2005:282.

③ 陶行知.陶行知全集(第1卷)[M].成都:四川教育出版社,2005:59.

辑的事情了。民国时期知识观的变革,使劳动教育大张旗鼓、理直气壮地步入学校。

知识观的改变,一方面使劳动教育进入学校,另一方面对于书本的看法也随之改变,传统教育把书本当作知识的唯一来源,崇信书本,陶行知则把书本看作工具,“书籍不过是人生工具的一种”[①]“和锯子、锄头是一样的性质,都是给人用的”[②]。把书籍放在教育的次要地位(放在第一位的是“做”)。晓庄学校的学生不为读书而读书,而是抱着实用的目的看书,陶行知称之为用书,“学生只用书,不读书。他们在图书室里看书,不在课室里上书。他们看到书的难处才去问指导员。他们为生活而用书,不为书籍而读书”[③]。“不在课室里上书”这句话的意思是晓庄学校的教学不像传统的学校那样把书(教材)作为教学的中心,教师讲书(教材),学生学书(教材)。从中看到,晓庄学校没有传统意义上的课堂教学。教学活动的展开以学生的做为主,作为学校毕竟以知识的获取为目的,学校怎能离开书呢?而且晓庄学校建有图书馆,如何对待书呢?“他们看到书的难处才去问指导员”,从这句话看到,晓庄学校的学生也看书,是以学生自学为主的看书。而且,他们把书作为工具,看书的目的不在获取书本知识,而是把书作为工具,是用书,“为生活而用书,不为书籍而读书”,看书的目的在生活。陶行知在讲演中曾谈到晓庄学校出于实用的目的看书,干什么事,看什么书,要种水稻,便看种植水稻的书,“关于种稻而看书,不是为看书而看书,乃是为种稻而看书”[④]。陶行知完全出于实用的目的对待书籍的做法,美国教育学者休伯特·O.布朗批评陶行知为实用主义的反智论[⑤]。

就知识而言,越是高深的知识,抽象性越强,具体的应用性越差,那么,这些知识难道就不是真的知识吗?因此,仅仅从是否可以应用作为判断真伪知识的标准,有功利化、庸俗化的倾向。[⑥]

尽管陶行知对待书本知识存在着“反智”和过于实用主义的倾向,但他使劳

① 陶行知.陶行知全集(第2卷)[M].成都:四川教育出版社,2005:298.

② 陶行知.陶行知全集(第1卷)[M].成都:四川教育出版社,2005:126.

③ 陶行知.陶行知全集(第2卷)[M].成都:四川教育出版社,2005:298.

④ 陶行知.陶行知全集(第1卷)[M].成都:四川教育出版社,2005:107.

⑤ 许美德,等.中外比较教育史[M].朱维铮,等译.上海:上海人民出版社,1990:196-297.

⑥ 董美英.民国时期生活教育镜像——南京晓庄学校中心小学的历史人类学探究[M].南京:河海大学出版社,2017:53.

动教育进入学校合法化，把学生变为教学活动的中心，促进了师生关系平等，他的教育改革在中国教育史上具有哥白尼日心说同享的意义和价值。

在晓庄学校，在陶行知等学校教师那里，书本知识是拿来用的，把书本知识作为工具看待，和传统学校把书本作为知识唯一来源的状况相比，在他们那里，书本放在次要的地位，也就是在心理上书本不再受到重视，甚至可以说是受到了轻视，轻视书本知识。

在学生那里，对于书本知识的轻视程度更重，怀疑书本知识。“书本是靠不住的东西，请向实际的路上去找材料吧！”①

在这样的知识观状态下，形成对实际做事(包括动手劳动)获取直接知识和经验的重视，对读书获取间接知识的轻视。换言之，就是轻视读书。

知识分子以及社会对于读书的心态变迁，是一个值得研究的话题，它表面上是一个不大的问题，仅仅关系到在学校教育中如何对待书本的问题，其实，是一个大问题，当轻视书本到一定程度的时候，就变成了“反智”。

纵观中国历史，读书和劳动问题，不是一个仅仅学什么的问题，而是关系到培养什么人的问题，也就是什么样的人是人才，未来的国家精英是什么样的问题。

教育需要适量的劳动，劳动教育的份额是多少？劳动教育占整个课程的学时应是多少？什么样的劳动是应该进入学校课程的劳动，这些都是值得深入研究的问题。

三、劳动教育成为学校教育的中心

尽管陶行知把学生生活分为社会的、自然的、农艺的、健康的、欣赏的五个方面②，但社会的、自然的、农艺的生活均以劳动活动为主，因此劳动教育在陶行知所创办的晓庄学校中，劳动教育占了很大比重。

再者，生活教育的教学法是教学做合一，在做上教，在做上学，教学活动以做为中心，注重学生在行动中获取直接经验。再加之，陶行知教育的目的是社会改

① 李楚材. 破晓[M]//李定开. 为中国教育寻觅曙光(上). 成都：四川教育出版社，1989：331.

② 陶行知. 陶行知全集(卷2). 成都：四川教育出版社，2005：474.

造，因此，劳动教育成为学校教育的中心。这和民国时期整个教育界的以劳做教育为教育中心的思潮是一致的。

事实上，晓庄学校的确把劳动教育放在了教育的中心位置，“寻常人最后还有一个误解，就是误认读书为教育，只要提到教育，便联想到读书认字……识字读书是人生教育的一部分，谁也不能否认。但是样样教育都硬要从教书入手，走不得几步便走不通了。乡村里面十岁以上大多数的儿童教育，大多数的成人教育，都要从经济及娱乐两方面下功夫，读书认字只是附带这里面去干”[①]。

从陶行知设计的南京晓庄学校校旗上，可以看到劳动教育在该校的重要，“本校的精神可以拿本校校旗之意义来代表。旗之中心有一个小圆圈，里面有个‘活’字代表所要培养之生活力。圈外有个等边三角，代表教学做三者合一。三角上面有一个‘心’放在当中，表示关心农民甘苦之意。左边有一支笔，右边有一把锄头”[②]。陶行知说晓庄学校的精神可以用校旗的意义来代表，代表劳动的锄头被放入校旗当中，可见，劳动教育在晓庄学校的重要地位。

实际上，在教学的各个环节，陶行知都非常重视劳动教育，他创办的晓庄学校的入学考试，前所未有地把劳动教育列入其中。“什么资格的学生可以进来呢？初级中等学校、高级中等学校、专门大学校末了一年半的学生和在职教职员有相等程度的都可以投考。但是他们必须有农事或土木工经验方才有考取的把握。这是顶重要的资格，这两个条件完全没有的人，不必来考。凡是小名士、书呆子、文凭迷的都最好不来。如果有人想办乡村小学，为预储师资起见，保送合格学生来学，学成就去办学，这是我们最欢迎的。考些什么功课？我们所要考的有五样东西：一、农事或土木工操作；二、智慧测验；三、常识测验；四、作国文一篇；五、三分钟演说。”[③]陶行知把拥有农事或土木工的经验作为报考的条件，农事或土木工操作成了考试的内容。

晓庄学校的入学考试不同寻常，除了文化考试外，还要考农事，在当时成为新闻，当年的报刊记录了考试时的情形：“胼手胝足事农焉。上午笔试已毕。下午即举行农事操作。男生三小时，女生两小时，男生分数队考试。有搬土基者，有刈草者，有翻土者。女生则拾玉蜀黍之穗。咸工作于烈日之下。试罢归来，莫

① 陶行知．陶行知全集（卷 2）．成都：四川教育出版社，2005：353．

② 徐莹晖，徐志辉．陶行知论乡村教育[M]．成都：四川教育出版社，2010：53．

③ 徐莹晖，徐志辉．陶行知论乡村教育[M]．成都：四川教育出版社，2010：52．

不汗流浃背，力竭气喘云。”[①]搬动土块、翻土、割草、捡拾庄稼穗子等都成为考试的内容。

李楚材作为晓庄学校的学生，作为当年农事考试的亲历者，他在《破晓》一书中生动地呈现了当年他参加农事考试的状况[②]：

天晴了，虽是太阳还藏在黑云里，雨点总算不继续的[③]洒了。我们从寄宿的燕子矶小学出发向晓庄去，足蹬草履，很轩昂的像战士赴战场一样的勇敢。白粉线一方方的划好，各人手里都拿着山锄，号笛一响，大家向荒芜的山上垦去，汗从额角上背上渐渐渗出，于是把棉衣脱去，依旧不息地垦掘，流着热汗，汗发出水蒸气，像白雾般在眼前，喘着气，呼呼地在喉间作响。不一会，锄柄上有红色粘着，心里非常害怕，这是什么咧？原来，是从薄脆的手皮里所浸出的鲜血呀！血！不管，要做一件事，要使一件事做得好，总要流汗，总要流血。

三小时工作完毕，还没有垦到预定的一半，但是手上的水泡，已经高高的涨起七八个，殷红的血迹还留着。旁边围着看的农夫和农妇，年老和年少的，一面显出轻视我们所做的成绩微薄；一面诧异我们做这种困苦的工。因为在他们的目光里，我们却是配坐汽车，吃大菜，住高楼，穿洋服的阔学生，但是——

我生长在田间而且是农家子弟；老实说，我分不出黍麦，说不出十种以上常见的草木的名字。也从没有做过农事；插秧，种豆，削草，施肥，一件也没有亲手实验过。因为我是“读书人”，自己不愿去做卑微的农作，家庭和社会也不要我去动手。教育毕竟造成了我的懒惰，逸乐，使我成为一个劳心者。

晓庄学校幼稚师范院入学考试的内容，除了园艺操作 2 小时外，还要考试做儿童点心 1 件[④]。陶行知把劳动能力作为教育测试的正式内容，这在中国教育史上是首次，具有里程碑意义。

学生入校后就开展建造校舍的劳动，因为 1927 年 3 月 15 日南京晓庄学校开学时并无校舍，学校的校舍需要师生亲手建造起来。师生自己建造居住的茅草屋，没有造好茅草屋的就住在帐篷里。每个茅草屋住十一个人：十位学生，一位指导员。里面有阅书室、会客室、饭厅和盥洗室、厕所。屋外后面附一个小厨

① 吴近楼．晓庄学校新生试验中记闻[J]．广西教育，1928(2)：38.

② 李楚材．破晓[M]//李定开．为中国教育寻觅曙光(上)．成都：四川教育出版社，1989：287-288.

③ 此处“的”现代汉语应为“地”，本书引文出现类似情形不再另行说明。

④ 陶行知．陶行知全集(第 2 卷)[M]．成都：四川教育出版社，2005：325.

房，厨房之后有一个小菜园。十一个人都要受茅草屋指导员的指导，按照图样建造一个优美的、卫生的、坚固的、合用的、省钱的茅草屋。人人都要参加，都要动手。教师不单是教书，学生不单是读书，他们是到这里来共同创造一个学校。从院长到学生，谁不建成茅草屋，谁就永久住在帐篷里[①]。

晓庄学校的师生除了建造供自己居住的茅草屋外，还要种植庄稼和树木，"我们准备了田园二百亩，供师生耕种；荒山数座，供师生造林；"1928 年，陶行知在他的《乡村小学师范学校标准案》中提议学校要建农场，学校至少分配给每位师生六分田地耕种[②]，在晓庄学校陶行知则实行学生租种学校田地的办法，"学生种田，照佃户租田公允办法，每年赚钱多少，看自己运用心力的勤惰巧拙，统归本人所用，账目完全公开"[③]。

此外，学校的日常事务也是由学生承担，"我们第一院里面种种事务都是要学生分任去做的，什么文牍、会计、庶务、烧饭、种菜，都是要学生轮流学习的。全校只用一个校工担任挑水类的事，其余一切操作，都列为正课，由学生躬亲从事"[④]。文牍、会计、庶务、烧饭、种菜之类的杂务被列入了晓庄学校的正课，劳动教育课程化。

劳动教育在晓庄学校被赋于了至高无上的地位，尽管陶行知说生活教育对于学生的培养目标有三个：农夫的身手、科学的头脑、改造社会的精神(后扩展为五个，加上了"康健的体魄"和"艺术的兴趣")，但农夫的身手处于第一位。在《试验乡村师范学校答客问》中，陶行知说："农夫的身手是本校第一个教育目标。我们师生都是认清了这个目标来的。以本校的目光看，对于农事懈怠，简直就是反革命。"[⑤]不勤于农事，在陶行知和晓庄学校的师生眼里，简直就是"反革命"，可见，劳动教育在晓庄学校师生心理和实际上的重要地位。晓庄学校的口号是："不会种菜，不算学生。""不会烧饭，不得毕业。"[⑥]在晓庄学校的文化中，学生一定要会种菜和烧饭，否则，就不算学生，也不得毕业。种菜、烧饭之类的体力劳动，在晓庄学校具有举足轻重的地位。

---

① 徐莹晖，徐志辉. 陶行知论乡村教育[M]. 成都：四川教育出版社，2010：53.
② 陶行知. 陶行知全集(第 2 卷)[M]. 成都：四川教育出版社，2005：317.
③ 徐莹晖，徐志辉. 陶行知论乡村教育[M]. 成都：四川教育出版社，2010：53.
④ 徐莹晖，徐志辉. 陶行知论乡村教育[M]. 成都：四川教育出版社，2010：51.
⑤ 徐莹晖，徐志辉. 陶行知论乡村教育[M]. 成都：四川教育出版社，2010：52.
⑥ 徐莹晖，徐志辉. 陶行知论乡村教育[M]. 成都：四川教育出版社，2010：52.

陶行知在迎接戏剧家田汉到晓庄学校表演的话语，颇能代表晓庄学校教育的意图，“晓庄是为农民而办的学校”。“我们的教育是为种田汉而办的教育”[①]。晓庄学校是培养农民的，把师范生培养成到农村去的农民教师，把小学生培养成未来的农民。这样的教育用意决定了劳动教育在晓庄学校的重要性，劳动教育成为晓庄学校教育的中心。

晓庄学校师范生的劳动量是非常大的，刚开始建校时，要先建筑校舍，劳动应是全部的教育教学活动，教室、图书馆等都没有，连栖身之处都没有，一开始借住在学校附近的农友家里，或者住在帐篷里。校舍建好后，每天有耕种、院务教学做、中心小学教学做、建设中心茶园、会农友、农民夜校等活动，读书(陶行知和晓庄学校的师生称之为“用书”)的时间就比较少了。

对于和陶行知一样有着教育救国热情的晓庄师范部的学生而言，他们热血沸腾，不会有任何怨言，甚至是乐此不疲。但对于晓庄学校中小学部(晓庄学校有 8 所中心小学，1 所中学)的儿童而言，情况就不同了，以让儿童获取知识为目的的父母，反对劳动教育的做法，“我们送孩子是来读书的，不是做工的”。许多乡村教师失败，就是这个缘故。[②] 学校作为传授知识、培养人才的社会机构，大众对于学校的角色定位和社会期待同晓庄学校提供的教学内容和教学形式不一致，甚至是冲突的，许多家长不认同晓庄学校以劳动教育为中心的教育形式，宁愿花钱把孩子送到私塾，也不愿送到免除学杂费的晓庄学校中心小学(又称晓庄中心小学)。

这一方面反映家长的思想守旧和固执，另一方面教育者也需要反思，学校到底应提供怎样的教育？家庭有田地可以耕种，有牛羊可以放牧，有弟妹需要看管的农村儿童是否需要在学校再进行劳动教育？按照杜威的观点，这些儿童在家里通过帮助父母种田、放牧、带孩子等就可以培养出他们协作的精神、责任感和勤劳的品质，似乎不需要在学校再进行那么多的劳动教育了。

民国时期是中国教育由传统向现代的转型期，这种转型主要是通过向西方学习进行的，学习西方的教育思想、教学内容、教学方法等。当时正值西方进步主义盛行的时期，在劳动教育上，中国也加入了西方劳作教育的热潮。对于中国教育学者而言，是不是缺乏冷静的审视？对于中国传统教育的失望，让他们急于

① 陶行知. 陶行知全集(第 2 卷)[M]. 成都：四川教育出版社，2005：355.

② 陶行知. 陶行知全集(第 2 卷)[M]. 成都：四川教育出版社，2005：294-295.

寻求一种反传统的教育方式,这种反传统是不是有点矫枉过正?今天,我们回望那段历史,一个学校把劳动放在学校教育的中心,不强调读书,只是出于"用"的目的看书(用书),以事(或者"做")决定看书,如何保证知识的系统性,高深知识的学习,又如何落实?

四、劳动教育的"双重"价值

劳动教育的价值是劳动作为一种教育手段必须回答的问题,事关其存在的合理性,劳动教育有价值才有存在的必要和可能。

价值(Value):原指事物的用途和积极作用。在经济学中,价值是凝结在商品中的一般的、无差别的人类劳动。一个商品有价值是因为附着了人类的劳动。在哲学中,价值是客体向主体呈现的意义。

劳动价值:顾名思义,就是劳动的价值。在教育情境中,劳动价值不仅指"劳动的价值",更重要的指"劳动对教育的价值"。"劳动的价值"指向劳动对于人类生活的有用性及劳动的积极社会意义,"劳动对教育的价值"是指劳动对于促进人的全面发展的教育意义①。

根据劳动价值的这两个内涵,下面就从"劳动的价值"和"劳动对教育的价值"两个维度来探讨陶行知劳动教育的价值论。

(一)劳动的价值

1. 满足生活需要。在晓庄学校,劳动有着满足衣食住行需要的价值。晓庄学校创建时,学校没有校舍,师生居住的茅草屋、学校图书馆、食力厅(食堂)等都是学校师生亲手建造的。晓庄学校有田地供给师生耕种,他们吃的蔬菜之类,很多都是自己种植的。

在通常情况下,学校进行的劳动和工厂、乡村的劳动目的不同,它不以物质的获取为目的,主要追求劳动的育人价值,但在当时整个社会一穷二白、经济困难的情况下,学校的劳动也追求经济功能,解决师生的部分衣食问题。

① 檀传宝.劳动教育的概念理解——如何认识劳动教育概念的基本内涵与基本特征[J].中国教育学刊,2019(2).

2. 改造学校,改造环境。劳动对于学校的改造和环境的美化作用,因为后文有劳动教育实践的内容,在此不做过多叙述,仅举晓庄学校特约中心小学燕子矶小学的例子来呈现一下:

这个学校不但教学生读书,并且教学生做事。做什么?改造学校!改造环境!学生是来读书的,教他做事,自己不情愿,父母不情愿。这是第一个难关。教员是来教书的,要他教学生做事,固不情愿,实在也是不会。这是第二个难关。教学生读书易,教学生做事难。如何打破这两道难关?一要身教,二要毅力。丁校长教学生做事的成功也是在这两点。他起初的时候,整天拿在手里的是钉锤和扫帚。所以那时有人讲他是位钉锤校长、扫帚校长。但是久而久之,教员跟他拿钉锤扫帚了,学生也跟他拿钉锤扫帚了。教员变做钉锤扫帚的教员,学生也变做钉锤扫帚的学生了。

丁校长于是开始偕同教员学生合力改造学校,改造环境。校内干好了,进而求环境的改良。燕子矶即在近旁,他就带领学生栽树,从门口栽到燕子矶顶上,风景一变。造林场栽树,十活一二。丁君栽树,栽一棵活一棵,也是他从经验中得来的。燕子矶坡上因有人时倒垃圾,太不洁净,丁校长就领学生们把所有的垃圾扫除一空。村民不知卫生,仍是时常把垃圾倒在此处。但村民一面倒,他就一面扫;村民倒一回,他就扫一回。后来邻居渐渐地出来责备倒垃圾的人,燕子矶头从此清洁了。①

从燕子矶中心小学的例子看,他们的劳动不仅美化了乡村环境,而且也美化了乡村居民的心灵,“后来邻居渐渐地出来责备倒垃圾的人”,这说明在丁超校长的带动下,乡村居民有了社会责任感,有了公共意识,无疑提高了乡村居民的公德。丁超校长的劳动,不仅改造了自然环境,也改造了乡村的人文环境。

(二)劳动对教育的价值

1. 改变教育样态。民国时期经历千年未有之大变局,社会转型,教育转型,教育由传统向现代转型,劳动教育使教育由传统的“静”走向了“动”。传统的教育是静听的教学模式,是以运用耳、目为主的学习。劳动教育的开展,儿童从做中学,做成为学的中心,把传统的死读书、读死书、读书死的死教育,变为了活读

① 徐莹晖,徐志辉.陶行知论乡村教育[M].成都:四川教育出版社,2010:13.

书、读活书、读书活的活教育。

劳动教育的开展，颠覆了教育的样态。传统的教育样态是“读书人”的样态，不管是教书的先生，还是读书的学生，都是把自己视为读书人，从穿衣打扮上看，他们都要穿长袍马褂；从行动方式看，他们都要端着读书人的架子，文质彬彬的，开口说话要“之乎者也”，显示出读书人的身份和气派。

学校劳动教育的展开改变了读书人的生活样态，他们平日的打扮和当地的农民差不多，草履、蓑衣、草帽，“指导员和学生都是农人的样子，有时赤着脚，穿了草鞋干。学生从入学考试的一天起，就必须做农事。我们深信，我们倘要想感化农人，必须自己先受农人感化”①。他们不仅穿着农民化，行为方式也农民化，“他们同学们正在耕种、淘井，短裤赤足，和农夫一块儿生活，这种精神已足令人佩服”②。

晓庄学校的师生生活劳动化，每天都要到农田劳动至少一个小时，“五点到六点，无论哪一个人都必须到自己田里去工作，不管风吹雨打，太阳晒，或休息日，不能一日中止。学生要做，指导员也要做。自己执锄，自己施肥，赤脚，草履，蓑衣，大笠帽，肩上挑，口里唱，俨然像一群山乡的农夫。学生每人租田六分，照佃户耕田公允办法，每年赚钱多少？看自己运用心力的勤惰巧拙，统归本人所有”③。

这种农民化的生活样态，一是锻炼学生农人的身手，二是使师范生吃得农人之苦，耐得农人之劳，为将来乡村教育工作打好基础，以便能够安心于乡村教学工作，很好地融入乡村社会。乡村学校是乡村改造的中心，乡村教师是乡村改造的灵魂，用培养农民教师的办法培养这些师范生，将来才能胜任乡村改造灵魂的重任。

从师生关系上看，劳动教育也颠覆了师生关系，师生共同参与劳动，同甘共苦，在做上教，在做上学，以会的教人，以不会的跟人学，晓庄学校没有严格的师生界限，会的教人，不会的跟人学，消除了传统的师道尊严，有利于建构民主平等的师生关系。

劳动教育改变了传统教育的样态，这种具有反传统意义的教育形态，迎合了

---

① 陶行知. 陶行知全集(第 2 卷)[M]. 成都：四川教育出版社，1991：298.

② 鲍国栋. 参观晓庄乡村师范记[J]. 教育与职业，1929(103)：1065.

③ 魏重庆. 到晓庄后[J]. 国立浙江大学农学院周刊，1928(20)：3-7.

当时变革教育的需要,所以,当时到晓庄参观的人络绎不绝,学校也备受世人的推崇,蔡元培、冯玉祥等都到晓庄学校参观过,冯玉祥还在晓庄学校建造的房屋里居住。美国教育家克伯屈到中国访问时,专程到晓庄学校参观,他说由晓庄学校,看到了中国希望之所在。

劳动教育对教育样态的改变,推动了中国教育现代化转型,学生从做中学,主动探获知识,师生协作学习,平等民主的师生关系等,都含有现代性的因素,都推动了中国教育由传统向现代转型。当然,教育现代化不可能一蹴而就,是一个一直在进行中的过程。

2. 感受劳动之艰辛,尊重劳动。劳动的教育价值是通过对参与劳动过程的人的身心的影响而实现的。学生通过亲身劳动,体会到劳动的艰难,从而感受到劳动人民生活的不易,培养尊重劳动和劳动人民的情感。烧火做饭看起来非常简单,但真的做起来还是有点困难,而且需要一定的技术,李楚材曾叙述他在晓庄学校轮值做饭时烧火时的状况,从中可以看到劳动对学生思想的影响:

我打完了拳,就到陆家的厨房里去烧洗脸水。——学校的厨房,还没有造好,现在借邻家的。——我把锅子洗净,放满一锅清水,就走到灶下去点火烧。燃料,就是本地山上刈下来的茅草,烧起来很是发火。陆家的还告诉我:"烧火要空。"不错,草送进灶肚以后,用火钳把先前烧剩下来的炭拨到两旁去,草就会搭在两边,草的下面空了,空气进去,火焰才能旺盛。

茅草里有细条棘刺的,大约是和茅草一同割来的罢,我时常留心了,还被他刺,刺的最厉害的,我手心里刺得出血,同时刺我的棘刺还折断在手心,其痛,真印到心肝上呀!①

通过做饭烧火,李楚材体会到烧火这么简单的事情也有技术和经验在里面,"烧火要空",柴草之间有空,火才旺。而且,烧火这么简单的日常劳动也有被刺、被扎伤的危险。

通过烧饭的劳动,李楚材真切感受到做饭的不易:

煮饭也是一件烦难的事,我们一口口的送进嘴去,觉得很舒服,肚子也会饱起来。那知道煮饭的人要费好多精力,自己不去亲自尝试一下,永久想不到的。我们吃过几次夹生,夹熟,夹焦,夹烂的饭,实在是没法。不会煮饭的人,一锅子

① 李定开.为中国教育寻觅曙光(上)[M].成都:四川教育出版社,1989:304.

往往会烧出四种饭来，上面一层是生的，生的下面便是熟的，往下便是烂的，着锅一层，便是枯焦的米粒了。诸位倘然不信，便折起衣袖，束上布裙，亲自到厨房下去试验一下，就知道这次出马应了我的话了。[①]

学生通过劳动，切身体会到劳动的艰辛，才能发自内心地尊重劳动和劳动人民，这种通过行动进行的道德教育，是基于学生亲身体验的，是一种有根的经验，是打到学生内心的教育，是最为有效的德育。

3. 消除职业歧视。学生通过劳动可以增加对其他职业的理解，消除职业歧视。比如，学生通过学木工可以了解到一个简单的小凳子的制作也需要很高的技术，刨木头、接榫卯都有很高的技术要求。这样，学生不光了解了木工这门技术，更是对掌握木工技术的木匠师傅充满敬意。晓庄学校的学生李楚材通过学木工，对木匠吕师傅充满了敬佩之意：

他得空，便手持斧凿，继续工作，或是手执一卷，研求学问，时间总不肯浪掷。他给我们的陶冶，给我们人格上的影响和给我们宁静的态度，影响我们是非常重大的[②]。

4. 培养爱农的情感。陶行知的教育活动中充满了爱农之心，他创办的晓庄学校以劳动教育为学校教育的中心，目的就是培养学生的爱农的情感，“因为他爱中华民族，所以他爱中华民族中最多数最不幸之农人”[③]。他用高昂的热情投入乡村教育运动，呼吁从事乡村教育的仁人志士把整个身心献给农民，“我们从事乡村教育的同志，要把我们整个的心献给我们三万万四千万的农民。我们要向着农民‘烧心香’。我们心里要充满了农民的甘苦。我们要常常念着农民的痛苦，常常念着他们所想的幸福。我们必须有一个‘农民甘苦化的心’才配为农民服务，才配担负改造乡村生活的新使命。倘使个个乡村教师的心都经过了‘农民甘苦化’，我深信他们必定能够叫中国个个乡村变做天堂，变做乐园，变做中华民国的健全的自治单位。这是我们绝大的机会，也就是我们绝大的责任”[④]。

陶行知一心向农的情感，救国先救农的思想，让他从平民教育转向了乡村教

① 李定开.为中国教育寻觅曙光(上)[M].成都:四川教育出版社,1989:306.

② 李定开.为中国教育寻觅曙光(上)[M].成都:四川教育出版社,1989:296.

③ 陶行知.晓庄三岁敬告同志书[M]//陶行知.陶行知全集(第2卷).成都:四川教育出版社,1991:559.

④ 陶行知.中国教育改造[M].北京:商务印书馆,2017:71.

育，推动了陶行知教育实践和教育理论的发展。他的教育思想在教育实践中转化为晓庄学校的教育目标，他的教育五目标中首要的目标就是农人的身手，要练就农人的身手，就必须参加生产劳动。通过劳动锻炼身体，拥有农民般强健的体魄，培养出吃苦耐劳的农民精神。同时，通过耕种等生产劳动，师范生会从心里生发出对农民的同情和尊敬。晓庄学校以劳动为教育的中心，劳动项目非常多（后文劳动实践部分将详尽地呈现劳动状况），造房、种田、养鸡鸭等。

在晓庄学校的教育中，爱农的情感培养是放在第一位的，让学生生活农民化，以求融入乡村社会。学生像当地的农民那样，穿草鞋，着短装，戴草帽，干农活，过农民式样的生活。唱的校歌是当地山歌调子的《锄头舞歌》，跳的舞是具有农民生活气息的《蓑衣舞》，进行的体育比赛是具有农民生活特点的挑水和耕牛比赛，陶行知为了联络农民情感，还开展“会朋友”的活动，让学生到农民家里和农民交朋友。

培养晓庄学校师范生热爱农民的情感，就是要他们将来投身到乡村改造，培养新农民，把乡村变为乐园，让农民成为“活神仙”。

5. 培养服务社会的公共精神。从育人上看，静听式的学习和做中学对学生的影响大相径庭。杜威说过，以获取已有的知识为目的的静听学习，目的在于学生个人的成绩，学生通过努力学习，竞赛学习成绩的高低，这只能培养利己主义者；从做中学，学生在共同的项目学习中，相互协作，通过共同的努力完成小组作业，在学习过程中，学会协作和对集体的责任感，这有利于培养具有公共精神的社会成员。晓庄学校以劳动为教育的中心，不仅有校内的劳动，还有校外的社会劳动，打扫村镇的街道，建造公园，植树造林等，从中不仅培养了学生协作团结的作风，而且培养了学生奉献社会的公共精神。“我们要求每一个学生个性上滋润着智慧的心，了解社会与大众的热诚，服务社会与大众自我牺牲的精神。”[①]

陶行知认识到劳动对于人的普遍意义，通过劳动塑造学生，把学生培养成合格的公民，“最重要的教育是‘给的教育’，教小孩拿出小小的力量来为社会服务。人生以服务为目的，不是毕业后才服务。在校时，就要在服务上学习服务”。所以，陶行知在教育实践中注重通过服务社会和民众的劳动培养儿童的服务于社会的公共精神。

---

① 董宝良. 陶行知教育论著选[M]. 北京：人民教育出版社，2015：506.

6. 打破劳力者和劳心者的界限,造就大同世界。“是故研究教育事业,必须脑力、劳力同时互用,否则不能有良好结果。……进一层言,脑力与劳动同时并进之好处,非独养成身体发达之平均,而最大关键,乃在打破劳动阶级与智识阶级之界限”[①]。和蔡元培先生的思想相似,陶行知先生也是要通过劳动教育打破劳力者和劳心者的界限。陶行知先生看到历史上劳力和劳心的分离,造成了“书呆子”和“田呆子”。传统教育单教劳心者,不教劳力者,出现“劳心者治人,劳力者治于人”的状况,形成劳心者和劳力者两大对立阶级。劳心者,专事读书,不劳动,成为“书呆子”;劳力者,只做工,不读书,成为“田呆子”。“书呆子”读死书,死读书,读书死;“田呆子”死做工,做死工,做工死。要想使两者获得生路,必须读书的做工,做工的读书——教劳心者劳力,教劳力者劳心,即用脑的人要用手,用手的人要用脑,陶行知用《手脑相长歌》表达了这个意思:

人生两个宝,
双手和大脑。
用脑不用手,
快要被打倒。
用手不用脑,
饭也吃不饱。
手脑都会用,
才是开天辟地的大好佬。[②]

通过手脑并用一是可以消除劳心者和劳力者的界限,二是治愈“软手软脚”病和“笨头笨脑”病。害“软手软脚”病的是读书人,害“笨头笨脑”病的是工人农民,通过手脑结盟,一个人就可以创造,可以发明,可以建设国家[③]。

陶行知认为从社会意义上而言,手脑并用,消除劳心者和劳力者的界限,也就消除了阶级,社会无阶级,也就达到了大同,“我们必须把人间的劳心者、劳力者、劳心兼劳力者一齐化为在劳力上劳心的人,然后万物之真理都可一一探获,人间之阶级都可一一化除,而我们理想之极乐世界乃有实现之可能。这个担子是要教师挑的。唯独贯彻在劳力上劳心的教育,才能造就在劳力上劳心的人类;

① 高平叔.蔡元培教育论集[M].长沙:湖南教育出版社,1987:428.
② 陶行知.陶行知全集(第3卷)[M].成都:四川教育出版社,2005:433.
③ 陶行知.陶行知全集(第3卷)[M].成都:四川教育出版社,2005:441.

也唯独在劳力上劳心的人类,才能征服自然势力,创造大同社会"①。

7. 劳动健体、益智、立德、育美。陶行知先生《在劳力上劳心》一文中说:"人人在劳力上劳心便可无废人。"②在他看来,劳动具有育人价值。在他的劳动理论体系中,劳动育人的价值是多元的。

首先,劳动健体。学生通过劳动强健身体,这是不言而喻的,陶行知人才五目标之一的健康的身体,除了体育运动之外,劳动也是实现其的重要的手段,特别是他强调的农人的身手,非经过劳动的锻炼不可。

其次,劳动益智。"劳心而不劳力,则一切思想难免玄之又玄,不能印证于经验。"③学习如果仅仅是"劳心",静坐在书桌前苦思冥想,思想和经验不相印证,那么一切思想都是玄之又玄的,是悬置于儿童经验之外的,儿童无法获取真知,这样的学习也就是伪学习。真正的学习是儿童已有经验的改造,陶行知秉承杜威的经验说,认为学习是经验的改造和重组,儿童通过劳力(做)获取直接经验,改造已有的经验,进而把直接的经验上升为类经验,从而获取知识。这种扎根在经验里的知识才是真知识,"思想与行为结合而产生的知识是真知识,真知识的根是安在经验里的"④。因此,劳力(做)是获取知识,进行智育的有效手段。

再次,劳动立德。"劳动教育的目的,在谋手脑相长,以增进自立之能力,获得事物之真知,及了解劳动者之甘苦。"⑤从陶行知的这句话里,可以看到劳动的综合育人功能,"手脑相长",手和脑相互促进,动手劳动的同时,脑长了,促进智慧的生成,智力的发展;"获得事物之真知",也是说劳动的智育功能;"了解劳动者之甘苦",表明了劳动的德育价值,关于劳动育德的功能,前面几点都属于劳动德育价值,在此不再赘述。

最后,劳动育美。生活教育的五目标为:一、康健的体魄;二、农人的身手;三、科学的头脑;四、艺术的兴趣;五、改造社会的精神⑥。艺术的兴趣,可以说是生活教育的美育目标。美育目标的实现除了戏剧、美术等文艺科目的活动外,劳动也是重要的载体。比如,通过教室的布置和装饰让儿童生活在美的环境中,通

---

① 陶行知.陶行知全集(第1卷)[M].成都:四川教育出版社,1991:109.
② 陶行知.陶行知全集(第1卷)[M].成都:四川教育出版社,1991:109.
③ 陶行知.陶行知全集(第1卷)[M].成都:四川教育出版社,1991:108.
④ 陶行知.陶行知全集(第1卷)[M].成都:四川教育出版社,1991:119.
⑤ 陶行知.陶行知全集(第2卷)[M].成都:四川教育出版社,1991:411.
⑥ 陶行知.陶行知全集(第2卷)[M].成都:四川教育出版社,1991:361.

过环境的熏染进行美育。晓庄学校三元庵中心小学的教室原为一个破庙，通师范生和小学生的装饰，让其变得美轮美奂：

中心小学的教室叫作生活室。三元庵原为神庙，里面罗列了成行的观音和诸神，改为教室后，首先进行刷新，殿里拉上鲜艳的蓝布，使神像都挡在幕后，墙壁上绘画各种时景图、玩具图，来作为点缀，大殿上空则横着拉上一条条彩色纸条，中间用一螺丝钉在适当的地方，使它高起而两面成弓形，颇含有艺术化意味。"身入其中者，只知为精美的学校，而不知其为一破庙了"①，原来的破庙在中心小学教师的精心装饰下成为充满艺术气息的精美教室②。

由以上的论述可知，陶行知先生的劳动育人观，是五育融合的育人观，以劳动教育促进其他四育，同时，体育、智育、德育、美育四育对劳育也有促进作用，德育中渗透劳动价值，智育中传递劳动知识，体育中强化劳动能力，美育中铸就劳动精神③，它和其他四育共育、互融。

五、"劳力上劳心"的劳动教育方法

从上文看，劳动教育具有重要的价值和意义，如此看来，学校需要实施劳动教育，那么，劳动教育如何开展呢？

（一）在劳力上劳心

陶行知说："真正之做只是在劳力上劳心，用心以制力。这样做的人要用心思去指挥力量，使能轻重得宜，以明对象变化的道理。"④劳动既要劳力，更要劳心，而且是在劳力上劳心，劳力和劳心不能分开进行，是一元论，不是二元论，如果理解成劳力和劳心并重，那就是把劳力和劳心分成了两段，就沦为了二元论。

劳力上劳心，以心制力。"要用心思去指挥力量，使能轻重得宜"，劳动是在心思指挥下的劳动，是有目的、有计划、有创造的劳动，不是盲行盲动。同时，在

① 罗怡然.谈谈晓庄三元庵中心小学[J].安徽教育，1930(16)：15.

② 相关内容见董美英.民国时期生活教育镜像——南京晓庄学校中心小学的历史人类学探究[M].南京：河海大学出版社，2017：128.

③ 李成.新时代大中小学劳动教育内容一体化的实践要求[J].思想理论教育，2020(7).

④ 陶行知.陶行知全集(第1卷)[M].成都：四川教育出版社，1991：109.

劳动时，劳力上劳心，要对劳动对象在外力作用下变化的原理进行探究，“以明对象变化的道理”，这是学校劳动和社会劳动的不同之所在，社会劳动，就是要通过劳动获取产品，在大机器时代，工人往往就是操作机器，生产产品，对于其中的道理不做过多探究，而学校劳动教育，学生要对劳动对象产生变化的原因进行学理的探究。因此，劳动教育重在心，“事事在劳力上劳心，便可得事物之真理”①[15]。学校劳动教育，要通过劳动获取真知。作为学校教育载体的劳动教育，陶行知先生更重视动脑，生活教育理论的教学法为“教学做合一”，强调做，这个做不仅仅是劳力，关键是劳心，在劳心指挥下的劳力，目的是明了真理②。

劳动教育不是在劳心上劳力。“如果是在劳心上劳力，我便极端不赞成了。”③陶行知的生活教育重视“做”，学生从做上学，教师从做上教，在教学活动中，做是第一位的，因此，生活教育语境下的劳动教育是劳力上劳心，而不是劳心上劳力，“真正之做只是在劳力上劳心”④，“手到心到才是真正的做”⑤，陶行知强调劳动教育要劳力（手到）在前，在劳力的同时还要劳心，强调手到心到。

（二）劳动教育社会化，日常化

劳动教育不能仅仅作为学生生活的点缀，要成为学生生活的一部分，日常化，社会化，学生劳动的场域不能局限在学校，要走出校园，走向社会，参加社会生活里的劳动，“我们所倡导的是‘在劳力上劳心，而不是寻常学校里的‘劳作’。在我写的论文里，从来没有‘劳作’这个名词。我们是要大家参加社会生活里的劳动，而参加这种劳动的时候是要手脑并用。这种劳动，并不是学校里设一门劳作课点缀点缀就算完事。有时这些装饰品的劳作，除了开展览会外，是别无用处”⑥。

（三）劳动教育课程化

晓庄学校中心小学的劳动教育已纳入课程，每天开展哪些劳动都安排得有条不紊，参见表5-1。

---

① 陶行知．陶行知全集（第1卷）[M]．成都：四川教育出版社，1991：109．

② 程家福．生活教育理论视阈下的劳动教育——解读《在劳力上劳心》[J]．生活教育，2021(1)．

③ 陶行知．陶行知全集（第1卷）[M]．成都：四川教育出版社，1991：109．

④ 陶行知．陶行知全集（第1卷）[M]．成都：四川教育出版社，1991：109．

⑤ 陶行知．陶行知全集（第1卷）[M]．成都：四川教育出版社，1991：108．

⑥ 陶行知．陶行知全集（第3卷）[M]．成都：四川教育出版社，1991：344．

表 5-1　尧化门中心小学课外事务程序表

	早晨	课前	中午	下午	下午	晚上
	6:00—7:30	8:55—9:00	1:00—1:30	4:25—4:45	5:00—5:30	8:00—9:00
星期一	扫除洗抹桌椅	检衣服	检桌子抽屉	菜圃工作	整理书报检查小商店账目	批改课本或整理课本
星期二	扫除修剪树木	检仪容	整理簿子	浇灌花木	整理娱乐部做童子军操	批改课本印书簿面
星期三	扫除除杂草	检衣服	整理厨房	菜圃工作	洗杯盏清除竹园	批改课本
星期四	扫除洗抹桌椅	检仪容	检桌子抽屉	浇灌花木	清理杂草	整理表簿批改课本
星期五	扫除	检衣服	整理接待室	菜圃工作	修剪冬青	印簿面批改课本
星期六	扫除修剪冬青	检仪容	整理小商店	浇灌花木	检查方字修剪冬青	整理表簿批改课本
星期日	扫除修剪冬青	清洁训话	大扫除教室洒水	童子军操		

注:此表包括师生共同的课外活动。资料来源:江恒源.江宁尧化门小学校视察笔记.江苏教育公报,47。

从表 5-1 看,尧化门小学的劳动教育主要安排在早晨到校后、上午上课前、中午休息时、下午课后和晚上。早晨到校后打扫卫生、擦洗桌椅和修剪冬青;上午上课前用 5 分钟的时间检查学生仪容和衣履;中午休息时拿出半个小时的时间检查桌子的抽屉、整理作业簿子、收拾厨房、整理接待室和小商店;下午从 4:25 到 4:45 进行菜圃工作和浇灌花木;下午5:00到 5:30,整理书报、检查小商店账目、整理娱乐部、做童子军操、洗杯盏、清扫竹园、修剪冬青、检查方字;晚上主要是整理课本、批改课本和整理表簿。从这个课外事务表看,尧化门小学非常注重校园的清洁和美化,注重培养学生卫生、条理的生活习惯,注重学生的仪表,把儿童培养成为讲卫生、爱清洁、做事条理、注重仪表形象、有艺术品位的“新农民”①。

① 相关内容见董美英.民国时期生活教育镜像——南京晓庄学校中心小学的历史人类学探究[M].南京:河海大学出版社,2017:131.

（四）劳动教育层次化

教育作为人才培育的手段，要适时而教，不能“陵节而施之”，也不能“时过而学”①，不同学段的学生，身心发育水平不同，实施的劳动教育内容也应不同，陶行知充分考虑到了不同学段学生的身心状况，劳动教育的实施具有层次性，晓庄学校中心小学的劳动教育是以洒扫庭除的日常清洁和种植树木等简单的体力劳动为主，师范生的劳动教育则包括烧饭、耕种、民众教育等复杂的劳动，相关内容请参照后文的劳动教育实践部分。

（五）劳动教育的落脚点在教育

陶行知的“在劳力上劳心”的命题揭示了劳动教育是以劳动为载体的一种教育活动，它的落脚点在教育。学校劳动教育和工厂农村的劳动有着质的差别，虽然都是劳动，但目的不同，工厂农村的劳动追求的是劳动成果的经济价值，学校劳动关注的是劳动的教育价值，注重劳动对学生品德的影响，价值观的塑造等，从而达到立德树人的目的，“劳动教育是以劳动为手段进行的一种立德树人的教育活动，重视的是劳动作为一种教育活动的教育价值”②。劳动教育，本质上是一种教育活动，它的目的是育人。

（六）劳动教育的最高境界是培养学生的创造力

陶行知说：“做的最高境界就是创造。”③劳动也是做，引申开来，劳动的最高境界是创造，那么劳动教育的最高境界就是培养学生的创造力。陶行知认为每个人身上都有或多或少的创造力，教育不能创造，教育是把儿童身上的创造力培养出来。那么，如何在劳动教育中培养儿童的创造力呢？

做是劳力上劳心。它含有三种特征：（一）行动；（二）思想；（三）新价值的产生。一面行，一面想，必然产生新价值。“由行动而发生思想，由思想产生新价

---

① 参见《学记》有关内容，《学记》原文为：“当其可之谓时”“不陵节而施之谓孙”“时过然后学，则勤苦而难成。”

② 程家福.生活教育理论视阈下的劳动教育——解读《在劳力上劳心》[J].生活教育，2021(1).

③ 陶行知.陶行知全集(第3卷)[M].成都：四川教育出版社，2005：454.

值，这就是创造的过程。"[①]行动是"老子"，思想是"儿子"，创造是"孙子"。在劳力上劳心必然有创造。在用脑的时候，同时用手去实验；用手的时候，同时用脑去想。手和脑并举，是创造教育的开始。

在劳动教育中培养儿童的创造力，需要"六大解放"：一、解放他的头脑，使他能想；二、解放他的双手，使他能干；三、解放他的眼睛，使他能看；四、解放他的嘴，使他能谈；五、解放他的空间，使他能到大自然大社会里去取得更丰富的学问；六、解放他的时间，不把他的功课表填满，给他一些空闲时间消化所学，并且学一点他自己渴望要学的学问，干一点他自己高兴干的事情。"六大解放"的突出特点是自由，在劳动过程中，让儿童能干、能想、能看、能谈，给儿童更大的空间，给儿童更多自由的时间，这是创造的前提。

在劳动教育中培养儿童的创造力，除了"六大解放"外，还要满足"三个需要"和"一个条件"：(一)需要充分的营养。小孩的体力与心理都需要适当的营养。有了适当的营养，才能有高度的创造力，否则创造力就会被削弱，甚而至于夭折；(二)需要建立下层的良好习惯，以解放上层的性能，俾能从事于高级的思虑追求。否则必定要困于日用破碎，而不能够向上飞跃；(三)需要因材施教。培养儿童的创造力要同园丁一样，首先要认识他们，发现他们的特点，而予以适宜之肥料、水分、太阳光，并须除害虫，这样，他们才能欣欣向荣，否则不能免于枯萎。[②]一个条件是民主。

"六大解放""三个需要""一个条件"，是一个有机联系的统一整体，都是实施创造教育不可或缺的，但三者侧重点又各不相同。"六大解放"的重点在于调动儿童自身的积极性，发挥其内在的潜力。"三个需要"侧重解决儿童创造力培养的外部教育环境问题，目的是要根据儿童自身的特点，利用环境影响的有利因素，采取适合儿童实际的方法，培养、加强、发挥儿童的创造力。"一个条件"则是涉及创造力培养的政治环境问题，只有在民主条件下，才能使最大多数人的创造力得到最充分的发挥[③]。

在劳动教育过程中，民主、自由，再给予儿童一定的支持和帮助，这样儿童才

① 陶行知. 陶行知全集(第3卷)[M]. 成都：四川教育出版社，2005：446.

② 陶行知. 中国教育改造[M]. 北京：商务印书馆，2017：252-253.

③ 金林祥，李庚靖. 论陶行知的创造教育思想及其现实意义[J]. 华东师范大学学报(教育科学版)，2000(1).

能放手创造,大胆创意,推陈出新,为别人所未为,做前人所未做,才会有创造性的劳动成果产生。

六、师生"教、学、做、思合一"的劳动教育目的观

陶行知在《减少校工以实现劳动教育案》一文中说:"劳动教育的目的,在谋手脑相长,以增进自立之能力,获得事物之真知,及了解劳动者之甘苦。"[①]这句话言简意赅地表明了劳动教育的目的,可看作是劳动教育目的的总纲要。

(一)手脑相长

陶行知主张劳动教育要在劳力上劳心,手到心到才为真劳动,手脑结合地进行劳动,如此就可以医治"软手软脚"病和"笨手笨脚"病,就可以使劳心者劳力,劳力者劳心,社会上的"书呆子"和"田呆子"就会消除。手脑相长,是劳动教育直接的目的。他的《手脑相长歌》明白地表达了劳动教育促进手脑相长。

(二)自立自强

劳动教育增进自立之能力,劳动教育的目的是让儿童成为自立之国民。自立,就需要安身立命的本领,"无知和无能注定使他们对于外界影响(无论这种影响是来自自然界的,来自他人或来自一般社会的)作出的反应,不是逆来顺受,便是神经过敏"[②]。无知、无能之辈无法成为自立之国民。人为物质环境中的人,好教育必定可以给学生以能力,使他成为物质环境中的主宰,去号召环境[③]。好教育应当给学生一种技能,使他可以贡献社会。换言之,好教育是养成学生技能的教育,使学生可以独立生活。譬如社会上的农夫、裁缝、商人、工人、教员……他们都有贡献社会的技能,他们各人贡献他们所做的事,可以使社会得着许多便利。倘若有一个人没有能力,则此人必分大家的利,而造成社会的恐慌了! 所以

① 陶行知. 陶行知全集(第2卷)[M]. 成都:四川教育出版社,2005:351.

② 联合国教科文组织国际教育发展委员会. 学会生存——教育世界的今天和明天[M]. 北京:职工教育出版社,1988:210.

③ 陶行知. 中国教育改造[M]. 北京:商务印书馆,2017:145.

教育的成绩，就是“技能”；教育就是“技能教育”[1]。通过劳动教育，在劳力上劳心，手脑相长，获取自立之技能。陶行知一向注重培养儿童的自立能力，他创作了《自立自人歌》勉励儿童：

滴自己的汗。
吃自己的饭。
自己的事自己干。
靠人、靠天、靠祖上，
不算是好汉！

在陶行知的思想中，他不仅希望儿童独立，还希望互助，“然一国当中人民仅知独立……只顾自己利益，苟利益之可谋，遂不妨坚持己见，牺牲公意，于是党派蜂起，互相倾轧。譬如一栋房子，房子中有柱子，苟各柱子你也独立，我也独立，勾心斗角，而无互相辅助互相作用之可能性，还能结构巩固而无破点吗？所以独立尤贵有互助的精神”[2]。

在当时国弱民贫的情况下，陶行知进一步要求学生不仅要自立，还要立人，有兼济天下之情怀。如何才算是自立立人的人？陶行知先生对不同的教育对象提出了不同的要求。这些要求可看作是对自立立人的诠释。在《小学目标案》中，对儿童的要求是：“小学教育应培育手脑双全、志愿自立立人的儿童。其目标如下：1. 康健的体力；2. 劳动的身手；3. 科学的头脑；4. 艺术的兴趣；5. 团结自治的精神。”在《改革乡村教育案》中，对乡村教师和乡村幼稚园教师分别提出以下要求：“乡村小学教师应按照下列目标训练之：1. 农人的身手；2. 科学的头脑；3. 艺术的兴趣；4. 改造社会的精神。”“乡村幼稚园教师应按照下列目标训练之：1. 看护的身手；2. 科学的头脑；3. 艺术的兴趣；4. 儿童的伴侣；5. 乡村妇女的朋友和导师。” 在为纪念晓庄建校两周年写的《这一年》一文中，陶行知明确提出生活教育的五目标：“一、康健的体魄；二、农人的身手；三、科学的头脑；四、艺术的兴趣；五、改造社会的精神。”

总之，欲成为自立立人的人，需要身体健康，拥有文化知识的科学的头脑，品味高雅的艺术的兴趣，无私奉献的改造社会的精神，还要拥有一定技术的身手

① 陶行知. 中国教育改造[M]. 北京：商务印书馆，2017：147.
② 陶行知. 陶行知全集(第 11 卷)[M]. 成都：四川教育出版社，2005：151.

(看护的身手、农人的身手、劳动的身手),也就是真善美的活人,或者说是德智体美劳全面发展的人。

(三) 求真务实

陶行知说:千教万教教人求真,千学万学学做真人。劳动教育的目的之一是通过劳动获得事物之真知,“涵养一心向真之赤心……找出真理之夜明珠”[①]。生活教育要把传统的死教育变为真善美的活教育,强调做(劳动),“什么是晓庄精神呢,一字蔽之,‘干’!‘干’!‘干’,认清责任,担负责任,实践责任,是我们的特长;言而不行,挂名避实,是我们所深恶痛绝的”[②]。儿童通过做(劳动)获取直接经验,获取真知。这在学习史上具有哥白尼式的革命意义,儿童不再把书本上的知识当作真理来崇拜,而是通过儿童的做主动地获取经验,验证前人的经验(即知识),实践出真知,通过做(劳动)获取事物的真相,注重亲知,不轻信闻知。学生从被动的知识接受者,变为主动的知识探获者,正如1945年陶行知在《创造的社会教育论纲》中所写的:“主观──→启发;填鸭 ──→主动;一粒一粒──→整口;教授──→自学。”[③]在做(劳动)的过程中,儿童主动、自发、自为地获取真知,陶行知的教育哲学追求的是行动的真理,真理的行动。

陶行知劳动教育的着力点在社会改造,教育是社会改造的手段,求真实干的目的不是为一己之名利,而是为天下百姓的福祉,“愿将真理化大利,润泽苍生乃仁义”[④]。

(四) 了解劳动者之甘苦

教育场域中的劳动,不是为衣食所迫,也不是为生计之所必需,而是劳动这种带有创造、改造意义的活动对于人的普遍价值[⑤]。劳动,就要出力、流汗、思考,劳力、劳心,通过亲身劳动才能体会到劳动之不易、之艰辛,才能体验到劳动之真快乐。主张经验说的陶行知先生,要儿童通过亲身劳动体会到劳动的苦乐,

---

① 陶行知.陶行知全集(第4卷)[M].成都:四川教育出版社,2005:26.

② 陶行知.陶行知全集(第2卷)[M].成都:四川教育出版社,2005:594.

③ 董宝良.陶行知教育论著选[M].北京:人民教育出版社,2015:583.

④ 陶行知.陶行知全集(第4卷)[M].成都:四川教育出版社,1991:10.

⑤ 娄雨.什么是“劳动的独特育人价值”——论劳动之于“体、技、心”的教育意义[J].中国教育学刊,2020(8).

了解劳动者的甘苦,亲力亲为,方能亲知。有了这种扎根在儿童经验里的对劳动的感受,儿童才能真的同情劳苦大众,才能坚定为劳苦大众服务的决心,百折而不回,才能达到陶行知赞许的"捧着一颗心来,不带半根草去",一心为农。

晓庄学校的学生李楚材参加过学校劳动教育后,真切地体会到了劳动的艰辛,他在给父母的信里这样写道:

今天,吾方才十二分的感觉到太阳的热烈,十二分的了解农夫的痛苦,十二分的明白你们的劬劳,十二分的忏悔自己的罪恶,十二分的知道以前的教育的不当。

笛声不住的叫,我们都背了锄头,走向田里去工作,这时恰巧午后一时许,太阳异样地炎热,发出强烈的光度,直射到大地的一切,我们很勤恳地热烈地从事工作,指导员往来指点——怎样翻土?怎样做畦?怎样下种?……我们目领手会,不住的向前锄种。天情[①]的阳光从吾的粗糙的草帽上,灰色的制服上,直透到我的雪白的皮肤上,细小的汗粒,从毛细管里挤出,一颗颗浸湿了制服,一颗颗又被太阳晒干。太阳依旧射来,汗珠依旧抛滚,制服依旧浸湿,我的背上好像烧着一盆热烘烘的炭炉,我的全身好像浸入沸腾的水里,风又吹不来,皮又剥不下。额角上的汗,汇集了从鼻的两边淌下,经过下颚,方才滴到地上,泥土渗进了汗,立刻融解开来,分成无数小块。有时汗珠流过唇边,嘴偶尔一动,直向嘴里抛进,舌上立刻感到一种咸酸的苦味,吾就咽入肚里。呀!这是吾第一次尝到自己的汗味,也是我第一次劳动的代价。吾应当怎样的领受?

吾已经勇敢地在热烈的日光底下从事工作了,已尝到劳动者的痛苦和疲乏了,已经感觉到世界上最可尊敬最当感激是终岁勤劳,手足胼胝的农夫了。[②]

陶行知把劳动教育的目的表述为以上四点,其实不够全面,劳动教育的目的是涵盖在生活教育目标之下的,他在为纪念晓庄建校两周年写的《这一年》一文中,明确提出生活教育的五目标:"一、康健的体魄;二、农人的身手;三、科学的头脑;四、艺术的兴趣;五、改造社会的精神。"把五目标和上述劳动教育的四个目的进行一一对应,发现遗漏了"康健的体魄"和"艺术的兴趣",因此,本书把这两点加上去再稍作论述。

---

① 此处的"情"系作者笔误,应为"晴"。

② 李定开.为中国教育寻觅曙光(上)[M].成都:四川教育出版社,1989:343.

（五）强健体魄

身体为本，一切教育活动都要有利于儿童身心健康，即身心健康是一切教育的目的之所在，劳动教育的目的也理应包含身体健康。"以劳强体、以体助劳，是体育和劳动教育之间关系的生动诠释。"[①]出大力流大汗的劳动，有利于儿童身体的强健。"康健的体魄"不仅通过拳术而练就，手脑并用的劳动教育也助益于身体健康，因此，强健的体魄是劳动教育目的的应有之意。

（六）培养艺术的兴趣

美是劳动的动力，劳动也创造美。陶行知说学校首先要净，其次要美。学校的净和美，都依赖于劳动，通过劳动，学校变得整洁，通过审美的劳动，校园变得美丽。通过审美的劳动培养儿童的艺术兴趣。尽管陶行知说通过戏剧培养艺术的兴趣，但劳动同样可以培养儿童的审美能力和艺术品位。如燕子矶中心小学通过种植冬青和布置假山石，把校园美化得像小公园，小学生通过这样美化校园的活动自然获取审美的情趣。

综上所述，劳动教育作为一种学校教育的育人手段，陶行知不是就劳动谈劳动，也不是就教育谈教育，而是基于融合育人的角度看待劳动教育，劳动教育是五育之一，生活教育的五目标为"一、康健的体魄；二、农人的身手；三、科学的头脑；四、艺术的兴趣；五、改造社会的精神。我主张以国术来培养康健的体魄，以园艺来培养农人的身手，以生物学来培养科学的头脑，以戏剧来培养艺术的兴趣，以团体自治来培养改造社会的精神"[②]。生活教育的五目标对应为五育就是德智体美劳。

陶行知认为全部的生活就是全部的教育，整个的生活就是整个的教育。五育是相互融通的，不能截然分开，他曾批评智育和训育（即德育）分离的做法，"训育上还有一个最不幸的事体，这事就是教育与训育分家：把教育看作知识范围以内的事，训育看作品行范围以内的事，以为学习知识与修养品行是受不同的原理支配的，甚至于一校之中管教务与训育者不相接洽，或背道而驰"[③]。他呼吁"要

① 李成.新时代大中小学劳动教育内容一体化的实践要求[J].思想教育研究，2020(7).
② 陶行知.陶行知全集(第2卷)[M].成都：四川教育出版社，2005：861.
③ 陶行知.陶行知全集(第1卷)[M].成都：四川教育出版社，1991：68.

打破知识和品行分家的二元论”，“在知识品行合一上研究些办法出来”①，智育和德育不能分，其他几育也不能分开。生活教育的要求是：整个的生活要有整个的教育。每个活动都要有目标，有计划，有方法，有工具，有指导，有考核。智识与品行分不开，思想与行为分不开，课内与课外分不开，做人做事与读书分不开，即教育与训育分不开。生活教育之下只有纵的分任，绝无横的割裂②。

生活教育是德智体美劳全面发展的教育，是五育融合的教育，劳动教育和其他四育融通，比如劳动教育和美育，劳动本身就含有美育的成分，陶行知认为“烧饭是一种美术的生活。做一桩事情，画幅图画，写一张字，如能自慰慰人就叫作美，一餐饭烧得好，能使自家人吃得愉快舒服，也能够使人家愉快舒服，岂不是一种艺术吗？”③能够给自己和别人带来愉快的劳动就是一种艺术，就是美的生活，因此也是美的教育。

总之，从五育融合特征来看，“德育注重自治”，“智育注重自学”，“体育注重自强”，美育注重“艺术的旨趣”的培养，劳动教育注重“手脑并用”，而这五育的实施必须以生活为中心，建立在“健康、艺术、劳动与民主织成之和谐的生活，即和谐的教育”的基础上④，因此，陶行知五育融合的教育是一种和谐的教育，德智体美劳各有侧重，同时又彼此融通，相互促进，和谐共荣。

七、陶行知劳动教育思想的简要评价

陶行知把劳动教育课程化、规范化、制度化，不仅注意劳动教育的育人价值，而且强调劳动的社会改造意义，意识到劳动教育对于社会建构的深远影响。陶行知尽管没有提出明确的五育融合的教育理论，但他的劳动教育思想已具有“五育融合”的意蕴，看到了劳育对其他四育的影响和价值，意识到了劳动教育的综合育人功能，这在中国教育史上具有里程碑意义，使劳动教育不仅理所当然地走入教育场域，而且成为极其重要的育人手段，掀起中国教育历史上第一次劳动教

① 陶行知.陶行知全集(第1卷)[M].成都：四川教育出版社，1991：68.

② 陶行知.陶行知全集(第2卷)[M].成都：四川教育出版社，2005：453.

③ 陶行知.陶行知全集(第2卷)[M].成都：四川教育出版社，1991：16.

④ 侯怀银，许树坪.陶行知的全面教育观探微.[J] 山西大学师范学院学报(哲学社会科学版)，1996(2).

育热潮。一向被视为“卑贱”的“劳动”和被视作“高雅”的“读书”终于可以“平起平坐”，甚至“劳动”的地位被提高到了“读书”之上。

延续几千年的“劳心者治人，劳力者治于人”的观念受到挑战，劳力者卑贱，劳心者高贵的思想在劳动教育思潮的冲击下摇摇欲坠；延续几千年的教育培养劳心者（学而优则仕，就是培养做官的劳心者）的教育目标也随之垮塌，劳力者（在陶行知教育思想中为“新农民”）成为教育的培养目标；延续几千年的体力劳动和脑力劳动的对立也随之消解，劳力上劳心，体力劳动和脑力劳动走向和解。

陶行知的劳动教育思想无疑对推动中国教育现代化发挥了重要作用，然而，在当时的劳作教育思潮下，陶行知的劳动教育思想尽管强调手脑并用，但存在着重手，不重脑的“矫枉过正”现象，存在着重视劳动教育，轻视书本知识学习的问题，在晓庄学校师范部没有讲课读书的教室里，也看不到学生坐在教室里读书。把动的劳动看得过重，把静的读书几乎抛弃，这种做法迎合了当时变革教育的需要，但有矫枉过正之嫌。

学生作为以学习为主要任务的人，学习本身是一项艰苦的脑力劳动。作为学习劳动的结果，是改变了受教育者自身的身心而使之具有一定的知识、技能和智力，从而获得具有一定价值的劳动力①。

对于受教育者而言，他们几乎每天都在进行一定的脑力劳动。学校的劳动教育，首先应该让受教育者明确认识到科学文化的学习这种特殊的脑力劳动，是受教育者的主要劳动形式和内容。参加学习就是参加脑力劳动，热爱学习就是热爱劳动的一个重要表现，不畏艰苦、认真学习，就是培养脑力劳动过程中的意志、毅力。掌握正确的学习方法和技能，就是学会正确的脑力劳动方法和技能，学会自我学习②。

陶行知劳动教育思想带给我们的重要启示在于：第一，全面、科学、深刻地认识青少年“读死书、死读书和读书死”的深远危害和强化融合、创造性的青少年劳动教育的本质要义。纵观中西方劳动教育的历史发展，不难看出，劳动教育的根本目的是“以劳成人”，是培养开拓、创新的个性，是培养适应现代生产和现代生活的人，实质是教育如何打通各种“边界”和偏见与生产劳动相结合、与社会生

① 文新华.论劳动、劳动素质与劳动教育[J].教育研究，1995(5).

② 文新华.论劳动、劳动素质与劳动教育[J].教育研究，1995(5).

活、与人民大众相结合。通过现代劳动教育，培养适应现代科技、现代生产的“有劳动能力、自食其力、自信而有尊严的人”。

第二，全面、准确和科学地认识劳动对青少年的价值与意义。陶行知劳动教育实践史告诉我们，一般的生产劳动并不具有教育的作用，劳动教育中的生产劳动或活动是对一般劳动的“课程化和育人化”改造。因此，我们不能认为凡是参加生产劳动就自然而然地接受了教育，教育者必须对学生参加生产劳动的目的、内容、途径和方法进行改造，使学生参加的生产劳动不再是纯粹的劳动，而是实现教育目的的过程和手段①，这样的生产劳动或活动才真正具有了教育的含义。

第三，全面、准确、科学地认识青少年劳动教育与德、智、体、美等“四育”之间的关系。劳动教育必须与学校德智体美相结合，劳动教育是融合在学校教育的学科教学和各种活动之中的，它是学校整体教育的重要组成部分，而不是外加的。学生的学习也是劳动，而且是这一阶段的主要劳动，因此，劳动教育不能游离于学校教育之外，我们既反对轻视、忽视劳动教育，更反对另外设计一套与学校教育相脱离的劳动教育。

第四，全面、准确和科学地认识青少年劳动教育的时代性。教育必须同新时代，与以新产业、高科技特别是信息技术、人工智能为基础的劳动相结合。总之，现代高新科学技术的发展必然要求教育与科技创新劳动相结合，教育与生产劳动、服务劳动、甚至闲暇劳动相结合的内容、方法就必须不断发展，以适应快速发展的科技和人文日益融合的美丽生活新世界。

① 林建华.论苏霍姆斯基的劳动教育观[M].青年与社会，2013(9).

第六章　陶行知的劳动教育实践

本书中的陶行知劳动教育实践活动，主要指晓庄学校师范部和中心小学的劳动教育实践活动。陶行知的办学实践，除了晓庄学校之外，还有创办重庆育才学校和重庆社会大学以及上海山海工学团。重庆育才学校是在抗战时期创办的难童学校，因处于抗战非常时期，物质匮乏，民不聊生，劳动教育无法正常开展。重庆社会大学属于成人业余教育，上海山海工学团属于普及教育，两者都不是正规的全日制学校。因此，本书选择晓庄学校的劳动教育实践活动来展现陶行知劳动教育的实践状况。

在研究方法上，本部分主要采用历史人类学的方法，通过当年报刊中的参观晓庄学校的调查报告和晓庄学校学生日记中的纪实性文字等文献资料，生动具体地呈现当时的劳动教育，力图恢复当年劳动教育鲜活的状况。

此处需要说明的是，以下劳动教育实践的部分内容借鉴了2017年由董美英著的《民国时期生活教育镜像——南京晓庄学校中心小学的历史人类学探究》的有关内容，一些生动描述当年劳动场景的资料来自晓庄学校的学生程本海的《在晓庄》和李楚材的《破晓》，他们作为晓庄学校劳动生活的亲历者，用纪实性的笔墨记录下了当年晓庄学校劳动教育的景象。陶行知先生给李楚材的《破晓》写的序中如此评价："《破晓》是楚材和他的伙伴在晓庄所过生活之写真。"通过这些"写真"的文字，我们可以窥见当年晓庄学校师范部劳动教育的历史状况。

一、晓庄学校师范部的劳动教育实践

陶行知主张生活教育，全部的生活就是全部的教育，在教学方法上实行教学做合一，晓庄学校的全部活动——教学做，包括五部分。

（一）中心小学活动教学做

这部分教学做占全部时值的一半，分为六组，即国语算术组、公民组、卫生组、自然组、园艺组、游戏娱乐组。每组各设研究指导员。师范生每人可以选择一组或两组做研究指导员的助手。每个指导员必须将研究所得的经过、情形和学生讨论，指导他、观察他、帮助他。小学教学做指导员由校长聘请，对于该工作负完全支配之责任。

（二）分任院务教学做

全校的文书、会计、杂务、卫生等工作，都是指导员指导学生做的。全校只有一个粗工挑水，其余的工作都是学生和指导员分担，甚至烧饭、炒菜也是学生做的。"在他们做时，指导员便在那里指导他们。这分任院务教学做，要居全部时值百分之十五。"①

（三）征服自然环境教学做

这一项包括科学的农业、造林、基本手工、卫生和其他教学做。梁漱溟参观晓庄学校后，在向广东一中的学生作报告时，这样叙述晓庄学校的征服自然环境教学做：

学生要种稻种菜或其他的蔬果都可以听从他自己，有这方面的指导员，担任指导。除主要的指导员日日在田里指导外，还有两个委员会来做他们的帮助：

一 顾问会——请农村里老农做顾问。

二 设计会——请南京中央大学、金陵大学的教授和农业专家来做一切设计。

田里的工作是天天要有的，并且夏季更忙。所以，他们学校是没有暑假的。这征服天然环境教学做，要居全部时值百分之二十。②

（四）改造社会环境教学做

这一项包括村自治、民众教育、合作组织、乡村调查和农民娱乐等教学做。

① 李定开．为中国教育寻觅曙光（上）［M］．成都：四川教育出版社，1989：363．

② 李定开．为中国教育寻觅曙光（上）［M］．成都：四川教育出版社，1989：364．

这项教学做,从学校三里路四周着手做起。每一个小村有两名指导员去担负责任。现在已经有十二个小村在计划中了。梁漱溟给广东一中同学介绍得非常详尽,笔者转引到这里,以便读者了解晓庄学校改造社会环境教学做的状况:

因为晓庄学校养成的人才在乡村为儿童和民众的导师,所以预备为儿童教育之外,还要为改造社会事务努力。现在晓庄学校已为左近村庄做许多改革村庄之事,已成立有联村救火会、联村修路会、联村消防合作所。在预备的有乡村自治、乡村妇女改革运动等团体。学校里有女生,它招收女生尤注意招收本校男生的未婚妻。招生简章上有一条说:现在乡村教员之夫人或未婚妻对于学业资格可以通融。这明明是希望一对夫妇同为农村导师,共同改造社会。这改造社会环境教学做,要居全部时值百分之十五。①

(五)学生自动教学做

这部分活动都是学生自动计划和决定的,大部分是关于个人的事情。学生自动教学做,计划是自己订的,为了防止计划流于纸面,学校设有专门机构考核股进行监督,从校长到学生都要接受考核股的监督:

每周有公共生活秩序表,是大家都要遵守的,除公共的生活秩序表外,每人还要各有他个人的当日工作表,由他自己订——几时看何书,几时办什么事,几时农作,几时写日记。这样的日常课表,从学生到校长都各有他一页放在自己的台上。学校生活部有一个考核股。这个股的办事人,便来考察校长、学生有没有按自己所订的当日课表去做。学校对学生工作的督促检查,全赖这个股的活动,全在他们自己日课表之有无实行。这也是好的办法。②

上文的晓庄学校学生的教学做,按照内容分成了五部分:中心小学活动教学做、分任院务教学做、征服自然环境教学做、改造社会环境教学做和学生自动的教学做,这些做都可以理解为晓庄学校学生的劳动教育活动。这些劳动教育活动,从劳动地点上分,可以分为校内劳动和校外劳动。中心小学活动教学做、分任院务教学做属于校内的劳动;征服自然环境教学做,包括校内和校外劳动,在

① 梁漱溟.参观南京晓庄学校的所见[M]//李定开.为中国教育寻觅曙光(上).成都:四川教育出版社,1989:364.

② 梁漱溟.参观南京晓庄学校的所见[M]//李定开.为中国教育寻觅曙光(上).成都:四川教育出版社,1989:365.

学校内种植庄稼属于校内劳动，到周围的荒山植树属于校外劳动；改造社会环境教学做属于校外劳动；学生自动的教学做，既可以是校内劳动，也可以是校外劳动。

下面我们可通过晓庄学校师范生的日常作息表，看劳动教育的时间安排及其在日常生活中的分量。晓庄学校师范生的日常作息表如下：

上午5时半——起床；

5时45分至6时10分——寅会，根据一日之计在于寅的原则，来计划一天的活动；

6时10分至7时——武术及军事训练；

7时——早餐；

8时至9时——洒扫整理；

9时至11时——各部办公，即分任院务教学做，由学生轮值。

11时至12时——系统讨论，由指导员及同学进行，每周将中心问题作系统的讨论；

12时——午餐；

下午1时至3时——手工和图画；

3时至4时——军事训练及武术；

4时至5时——农事；

5时半——预备灯油；

6时——晚餐；

晚间7时至9时——自由工作；

9时至10时——日记；

10时——就寝。[1]

从上面晓庄学校的日常作息表来看，劳动教育上午3个小时，下午3.5小时。上午2个小时的分任院务教学做是学生轮值，不值班的学生就不一定劳动；下午2个小时的手工和图画，手工属于劳动教育，但图画不属于劳动教育，如果上手工课，那就是劳动教育，上图画课，就不是劳动教育，也就是说，这2

① 王秀南. 介绍革命的晓庄学校——从他们的信条，看出他们的努力[M]//李定开. 为中国教育寻觅曙光(上). 成都：四川教育出版社，1989：372-373.

个小时的手工和图画时间不全是劳动教育的时间。但不管怎样，劳动教育在整个日常中的占比还是挺高的，占近一半的时间。晚间 7 时至 9 时的自由工作时间里可从事修理农具、经营小商店之类的活动，劳动教育的时间会更长。

通过上文晓庄学校师范生的教学做和日常作息表，我们对晓庄学校师范部的劳动状况有了一个总体的印象，下文将根据纪实性的文献资料，生动、形象、具体地呈现晓庄学校师范部的主要劳动活动。

（一）建造校舍

晓庄学校不像一般的学校，先有教师和校舍，然后招生开学，晓庄学校开学时一无所有，连教室也没有，按照陶行知的诗意表达是上有青天为盖，下有大地为席，除此之外，无寸砖片瓦。1927 年 3 月 11 日招收第一批第一院(小学师范院)13 名学生，10 月招收第二批第二院(幼稚师范院)学生，开学日即是建校日，校舍基本上都是师生共同劳动建造起来的，先后建立起了教室、图书馆、科学馆、生物室、农业馆、礼堂、膳厅、厕所等。

晓庄学校的校舍较为宽敞，一般校舍有三四间，大的有六间。当年到晓庄学校参观者详细记录了校舍状况：犁宫，即办公厅，六大间；晓庄中心小学一所，三大间；樱花村，为医院和幼稚园址，四间；桃花村，六间，参见图 6-1；食力厅，三间；临时工作室一所；临时农具室一所；临时牛舍一所；火油房一所；燕子矶幼稚园一所，五间；浙江馆一所，三间；农艺陈列馆一所，五间；图书馆一所。劳山脚下的正面就是学校最大的建筑物犁宫，犁宫正中挂着蔡元培题写的“双手万能”的横幅，两侧有陶行知题写的对联：“和马牛羊鸡犬豕交朋友，对稻粱菽麦黍稷下功夫。”

晓庄学校校舍建筑基本上都是就地取材，泥巴做的地，泥巴做的墙，用稻草覆盖房顶，本着省钱的原则建造的，尽管简陋，却切合实用，窗户宽大，房屋明亮，“馆中的设备很简单而朴素：每馆分三大间，地下是用三合土打平的，墙是泥砖砌的，屋顶是用稻草盖的，窗户很多，并且都是新式的，光线非常充足”[①]。

① 任夫.晓庄游记[J].青年进步，1928(28)：92.

图 6-1　晓庄学校师生自己动手建造的学生宿舍——桃花村

泥土地面、泥土墙、茅草顶①,校舍简朴但不失美观,“校舍茅檐土垣,褐色栋宇,参以庙堂亭榭,结构至雅”②。“庙堂亭榭”是晓庄学校校舍的建筑式样,这种式样的校舍看起来古朴雅致。整洁、美观、雅致是当时晓庄学校给参观者留下的印象,从图 6-2 可以看到当年晓庄学校校舍的面貌,青山衬托下的校舍气势恢宏而美丽,事实上,陶行知先生非常注重校容,“阵有阵容,校有校容,有其内必形诸外,我们首要重艺术化的校容”③。

图 6-2　南京晓庄学校校舍

① 上文说是稻草覆盖的房顶,但从当时的文献看,大部分说是用当地生产的茅草覆盖房顶。

② 许士琪.参观教学做的晓庄学校[J].广西教育,1928(6):11.

③ 陶行知.生活教育文选[M].成都:四川教育出版社,1988:26.

从无到有，在短短两三年的时间里，晓庄学校建了这么多校舍，校舍大部分都是师生建造而成的。在晓庄学校的劳动教育中，建造校舍占了很大份额。李楚材的《破晓》生动地叙述了建造厨房时的情境：

择定在山坡的一角，依着形势，大家努力地工作了。每两个人分成一队，每队继续工作一小时，拿着山锄，向挺硬的土块上垛，拿着泥刀，雕筑灶洞。大家总得满头臭汗，筋疲力尽方歇，而我们的吕先生更勇敢地工作着，不息地指导同学做。半天的工程，已经解决了十几个人的生活问题。滴自己的汗，吃自己的饭，自己的事总得自己干，靠人是不中用的。

一日，天油然作云，沛然下雨了。而且风狂雨骤，轮值煮饭的弄得如落汤鸡。早饭费了两小时，才沾泥带水的煮好。因为土灶的上面，只用帐幕复①盖着，所以遮不住风雨，午饭后，天稍霁，大家要筹一妥善之计，便决定盖一草房，于是分工协作的干起来了。

大家都穿上草鞋，卷起裤管，撩起衣袖，预备了锯子，斧头，凿子，开始工作起来，叮叮当当的先把四根柱子，一根正梁做好，于是架好了插进泥里，上面覆了几层麦秆，粗粗的完工，大约费了两个钟点的时间。

于是我们的厨房便行起落成典礼来，那天的饭，烧得格外香嫩，青菜也加些味儿，大家微笑着庆祝胜利。②

上面几段文字描写了做灶台、建厨房时晓庄师生通力合作，流汗出力，奋力工作的状况，从中可以看到晓庄学校初创时生活的艰难——连做饭的锅灶和厨房都没有。但晓庄的师生没有被困难吓倒，而是积极改变状况，自己动手做灶台建厨房。做灶台让李楚材认识到自立的重要，“滴自己的汗，吃自己的饭，自己的事总得自己干，靠人是不中用的”这几句话和陶行知《自立歌》的内容相近，一是可以看到陶行知的思想对于学生的影响，二是可以看到自立已经成为学生的思想和价值追求。

厨房建成，尽管是几个柱子加麦秆的简陋厨房，但也要举行落成典礼，大家微笑着庆祝胜利，感觉到做的饭都格外香嫩，由此可见，晓庄的师生是非常乐观的，这种诗意的生活，让他们感觉到苦并快乐着，正如陶行知所言：“晓庄毕竟还

① 作者笔误，应为“覆”。
② 李定开. 为中国教育寻觅曙光(上)[M]. 成都：四川教育出版社，1989：332.

是个诗境,不是个别的东西。在晓庄一切诗化:困难诗化,所以有趣;痛苦诗化,所以可乐;危险诗化,所以心安;生死关头诗化,所以无畏。这是建设的达观主义,也可以说是创造的乐天主义[①]”。有着诗意追求的晓庄师生,在当时艰苦的环境下苦中作乐。

(二)从事农事劳动

陶行知和同时代的大多数知识分子一样,认为化农民必须先自己农民化,晓庄师生在穿着上农民化,在劳动教育上,把农事作为重要内容,耕种、淘井、锄地等,都是晓庄学校师生的必为之事。

晓庄学校师生平日的穿衣戴帽基本上和当地的农民差不多,草履、蓑衣、草帽,“指导员和学生都是农人的样子,有时赤着脚或穿了草鞋干。学生从入学考试的那一天起,就必须做农事。我们深信,我们倘要想感化农人,必须自己先受农人感化”[②]。劳作时也会像农夫一样赤足,“他们(同学们)正在耕种、淘井,短裤赤足,和农夫一块儿生活,这种精神已足令人佩服”[③]!

晓庄学校实行生活教育、生活劳动化,师生每天都要到田间劳动至少一个小时,图 6-3 记录了当年师生在田地里劳动时的情景,在广袤的土地上,师生挥动农具,干得热火朝天。“……无论哪一个人必须到自己田里去工作,不管风吹雨打,太阳晒,或休息日,不能一日中止。学生要做,指导员也要做。自己执锄,自己施肥,赤脚,草履,蓑衣,大笠帽,肩上挑,口里唱,俨然像一群山乡的农夫。学生每人租田六分,照佃户耕田公允办法,每年赚钱多少?看自己运用心力的勤惰巧拙,统归本人所有。”[④]

程本海的《晨光微曦中的锄地》一文描写了他早起到农田锄地时的场景:

在天色朦胧中,昌嵩兄躺在被窝中把我喊醒了,连忙起床,荷着锄头,跑到农场,开始我们的工作。先计划了要种多少棉花,用多少地。开直畦呢?还是并横畦好呢?计划定了,便拿起锄头把润湿的土翻起,整块的敲碎,一锄一锄地正与那枝头上的小鸟的歌声相和着,真是多么曼妙?金黄色的太阳渐渐升起,小草上

---

① 李定开.为中国教育寻觅曙光(上)[M].成都:四川教育出版社,1989:276.
② 陶行知.陶行知全集(第 2 卷)[M].成都:四川教育出版社,1991:298.
③ 鲍国栋.参观晓庄乡村师范记[J].教育与职业,1929(103):1065.
④ 魏重庆.到晓庄后[J].国立浙江大学农学院周刊,1928(20):3-7.

图 6-3 晓庄学校师生在田地里劳动

的露珠儿匆匆收起了。我们一面锄着，一面歌着，李生瑞等也荷着锄头飞奔似的来加入我们队伍了。[①]

晓庄学校师生天不亮就到农田锄地，边锄地边唱歌，辛勤劳动并快乐着，他们身上展现了中国劳动人民勤劳、乐观，热爱劳动的美德。

晓庄学校的农事劳动也采用教学做合一的方法，在田地里进行教学，传授生产知识和技能。在晓庄参观学习一个月的易铁夫叙述了当时在农田里教学做合一的状况：

邵先生为我们要种白菜，他就为我们讲怎样可以把种撒得均匀？怎样松土？怎样浇水？怎样栽植？怎样……？又介绍书给我们看。我们种的时候，他也在园内给我们讲解，给我们做。第二次聚会时，大家就将各人所发生的问题，经验，提出来讨论、报告……还有些问题邵先生还没有经验过嘞。——我们为种白菜而讲解，为种白菜而看书，这不是我们教学做合一的实际活动的好例吗？[②]

从上文看，晓庄学校作为中国第一所培养乡村教师的师范学校，非常重视农事，因为要成为一位胜任乡村教育工作的教师，不仅要具有农民身手，还要具备

① 李定开. 为中国教育寻觅曙光(上)[M]. 成都：四川教育出版社，1989：252.

② 易铁夫. 我所认识的晓庄之理论与实际[M]//李定开. 为中国教育寻觅曙光(上). 成都：四川教育出版社，1989：399.

农事的知识。陶行知认为乡村小学教师应具备以下数种农事本领：

(1) 会锄地。

(2) 会浇水和粪。

(3) 会除菜地、豆地的草。

(4) 会汲水，开沟，做畦。

(5) 会整理农具，如锄头耙子，粪桶柄，打草绳等。

(6) 会做苗圃(菜蔬圃及草木苗圃)。

(7) 会种蔬菜(以当地的菜蔬为准)。

(8) 会修剪果木竹林(以当地的果木为准。如北方没有竹，南方难种苹果等)。

(9) 会种普通花卉，篱边灌木。

(10) 会养蚕。

(11) 会养蜂。

(12) 会养鸡，鸭，鸽子等。

(13) 会养羊，猪，牛等。

(14) 会砍菜，掘笋，采野果等。

(15) 会养鱼(缸鱼①，和池鱼，在海边还应该会拾贝类等)。

(16) 懂得土壤性质。

(17) 会看农业书报。

(18) 结交重要农业机关和老农。

(19) 熟悉当地气候与农产品。

(20) 知道当地重要农谚。②

在教育救国的思潮中，乡村教师承担着实现改造乡村，从而改造中国的伟大使命。因此，乡村教师不仅传授知识，还要发展乡村经济，帮助村民进行农田改良、良种推广、病虫害防治等，这就要求乡村教师具备农事的知识和本领。

① 字词、语法、标点和断句，都按照原文照录，有可能不符合现代汉语的要求，文中其他地方的文献也有类似的问题，不再一一说明。

② 陶行知，唐文粹. 乡村教师需知[M]//李定开. 为中国教育寻觅曙光(上). 成都：四川教育出版社，1989：483-484.

（三）木工劳动

民国时期的劳作教育热潮中，许多学校都备有木工和金工教室，供师生劳动使用，晓庄学校也建有中心木匠店，中心木匠店的宗旨是依据生利主义及教学做合一办法培养木工人才。“他的课程除木工外，兼教以人生所必需的常识。店设在佘儿岗长生殿，是中华职业教育社和该校合办的。”[①]中心木匠店聘请木匠师傅作为木工教师，图 6-4 是当时晓庄学校师生木工劳动的情境，从照片中可看到，有的正在长长的工作台上用刨子刨木材，有的正在锯东西。

图 6-4　晓庄学校学生木工劳作图

下面这段文字记叙了晓庄学校聘请的木匠吕先生指导学生学习木工时的场景：

（木工）确实是一件困难的事，我们看着木匠造筑高楼大厦，或做一张桌子和凳子，觉得非常容易。自己动手做一件小玩意儿，便左支右绌，不是不会使斧，便不能刨光，越弄越坏，做得心烦意乱，一不留心，雪亮的刀尖，直向细润的皮肤里插进，鲜红的血便汩汩的向外奔流。几个同学曾经手上受过血的洗礼，痛得直叫

① 李定开.为中国教育寻觅曙光(上)[M].成都:四川教育出版社,1989:381.

起来。我们的吕先生笑了一笑,便不住地叫着;“留心! 慢慢地下紧,别心慌。”接着便这样做那样锯的讲起来了。[①]

(四)烧饭

烧饭是乡村教师必备的生活技能,因为他们到乡村小学任教,条件艰苦,必须自己烧饭吃。再者,生活教育培养学生的生活能力,烧饭是生活能力之一。晓庄学校的学生到中心小学教学做,都要自己烧饭,一个参观者到吉祥庵小学参观后说:“我们去时,教师正在吃午饭,菜羹豆腐,还是自己烧的呢! 没有工役,一切都要自理。”[②]

在晓庄学校师范部,煮饭是由学生轮流值日。以下是《破晓》中李楚材记叙的值日做饭的状况:

我打完了拳,就到陆家的厨房里去烧洗脸水。——学校的厨房,还没有造好,现在借邻家的。——我把锅子洗净,放满一锅清水,就走到灶下去点火烧。燃料,就是本地山上刈下来的茅草,烧起来很是发火。陆家的人还告诉我:“烧火要空。”不错,草送进灶肚以后,用火钳把先前烧剩下来的灰拨到两旁去,草就会搭在两边,草的下面空了,空气进去,火焰才能旺盛。

茅草里有细条棘刺的,大约是和茅草一同割来的罢,我时常留心了,还被他刺,刺的最厉害的,我手心里刺得出血,同时刺我的棘刺还折断在手心,其痛,真印到心肝上呀! 锅子里的水烧的热了,一部分同学已来取去洗脸,一部分还在练习拳术,因为要煮粥,所以我把锅子里的热水都舀在盖桶里,以备没有洗脸的同学用。

煮好粥,整理粥菜,昨天的值日煮饭者已照例预备好咸萝卜半斤,这半斤的咸萝卜,怎好十八个人吃呢,我总不放心,怕不够吃。后来我把萝卜块特别的切得细小,条数多,见形也多,也许他们够吃吧! 买菜买油,也要值日煮饭者亲自出马。钱是有限制的,我们规定每天油盐酱菜钱不得过 1400 文。青菜只有 3 个铜圆 1 斤,买了 8 斤,韭菜 5 个铜圆 1 斤买 4 斤,豆腐干 12 块 240 文,咸萝卜半斤 150 文,豆油半斤 440 文,酱油 60 文,盐 120 文,打水用的襻 30 文。我买完从街

① 李定开.为中国教育寻觅曙光(上)[M].成都:四川教育出版社,1989:296.

② 朱晸旸.南京试验乡村师范学校及三个中心小学[J].国立浙江大学教育周刊,1929(46):36-50.

上回来,就和膳食股的会计结算菜账,共买了1480文。他说:"你今天过了规定的钱了,你这样买菜,我们的膳食费要不够了。"

煮饭,真要有经验的才有把握,有的米质地干,有的质地潮,有的质子涨,有的不涨,米放满锅,和不放满只有半锅的,煮法的难易又不同。经验告诉我们,米很干要多放水,潮的要少放,质子涨,要多下水的,不十分涨韵,要少下水。……今天吃我煮的菜的人省数,有5省罢,在一个锅子里怎好烧得出5省人不同口味的口味来呢?总算庆幸今天我煮的饭,大家都吃了,并且不曾说什么话。

……

煮饭也是一件烦难的事,我们一口口地送进嘴去,觉得很舒服,肚子也会饱起来。哪知道煮饭的人要费多少精力,自己不去亲自尝试一下,永久想不到的。我们吃过几次夹生,夹熟,夹焦,夹烂的饭,实在是没法;不会煮饭的人,一锅子往往会烧出四种饭来,上面一层是生的,生的下面便是熟的,往下便是烂的,着锅一层,便是枯焦的米粒了。诸位倘然不信,便折起衣袖,束上布裙,亲自到厨房下去试验一下,就知道这次出马应了我的话了。①

从李楚材记叙的煮饭的情景看,烧火做饭也要在劳力上劳心,要悟出怎样烧火火焰旺,怎样煮饭好吃,怎么切咸萝卜才能让少量的萝卜够多人吃,限定的膳食费怎么购买才能买够多种食品且不超支。劳动益智,同时也育德,通过煮饭,李楚材体会到了煮饭这看似简单的劳动的烦难:"煮饭也是件烦难的事,我们一口口地送进嘴里去,觉得很舒服,肚子也会饱起来。哪知道煮饭的人要费多少精力。"通过煮饭这样的劳动,切实体会到了做饭劳动者的不易,增加了对劳动者的理解和同情。

(五)修筑道路

乡村交通不便,信息闭塞,是乡村愚昧的原因之一,因此,晓庄师生热心修筑晓庄周围的道路。"乡村交通不便,确为文化迟钝之源。该校自开办以来,则孳孳于路政的建设。现在已经修好的,有和平门至观音门的大道,长约二十里;其他支干各路,亦正在继续开辟中。"②

① 李定开.为中国教育寻觅曙光(上)[M].成都:四川教育出版社,1989:304-306.

② 王秀南.介绍革命的晓庄学校——从他们的信条,看出他们的努力[M]//李定开.为中国教育寻觅曙光(上).成都:四川教育出版社,1989:376.

晓庄学校的师生平时积极修建学校周围的道路，节假日也不休息，义务修筑学校周围道路，使偏僻的乡间有了条条通衢大道。下面的文字是“五一”劳动节晓庄学校的师生修筑道路，干得热火朝天的情景：

晓庄的道路太坏了。每逢下雨，泞滑难行，便利用了这个节日，大家倡议担石筑路。在晓庄的人，无论谁，都要加入工作，先分开了队，指定了地段，于是开始工作了，许多人在体验劳工的生活了。

石子多在半山，有的嵌在泥中，有的丢在荆棘丛中，有的在涧边，有的在山坳，大家便拾在一起，堆起来。有的用畚箕独自去挑，有的用筐两人抬，也有的用铁皮畚箕搬运，哼哼哈哈的呼声，抑扬而合奏着连续不断。

“呀！痛呀！”不知谁被荆棘刺戳破了，惊惶喊着，血从皮肤里冒出，殷红火赤，充满了生活力，点点滴滴。

……

太阳无情地发出强烈的光辉，直射在我们身上，增加了大家的热力。风一阵阵地吹拂过来，带着热气。外衣脱去了，内衣脱去了，只穿着汗衣，长裤脱去了，只剩了短裤，袜脱掉了，只套上了一双破鞋。这样，实在是彻骨的劳工化了。

……

石子一堆堆地积起来，在路旁满布着，四角三棱，方圆毕具，大小杂呈。一整天的劳工代价，便是把许多石子从山上移下，身体虽然劳乏，精神虽然委顿，但是成功的欢欣，却在心头和眉间活跃，真有无上的光荣。以后无论是暴风骤雨，路上好走得多了。我们不禁唱起劳动神圣的歌来。

书本上的知识，究竟够不够用？一年年社会上添出许多高等游民来，教育者注意到没有？他们识了几个字，会读了几本死书，在社会上有没有贡献？能不能生活？告诉你吧！书本是靠不住的东西，请向实际的路上去找材料吧！①

以上的文字出自晓庄学生李楚材的著作《破晓》，作为修路的直接参加者，他写出了修路时的繁忙场面，也写出了作为学生不擅长劳动而手足无措，受到皮肉之伤的状况，同时也写出了一个知识分子参加劳动后对于劳动者的崇敬之情，“实在是彻骨的劳工化了”，以知识分子劳工化为荣，“我们不禁唱起劳动神圣的歌来”，由这句话，我们可以感受到那个时代劳动神圣的思潮。

① 李定开.为中国教育寻觅曙光(上)[M].成都:四川教育出版社,1989:329-331.

“一年年社会上添出许多高等游民来，教育者注意到没有？他们识了几个字，会读了几本死书，在社会上有没有贡献？能不能生活？”这几句话表达了对读书的教育的质疑和对只知读书者的鄙视，称那些只有死的书本知识、没有实践技能的不能做工的知识分子为高等游民，认为他们不能生活，对社会没有贡献。

“书本是靠不住的东西，请向实际的路上去找材料吧！”重视实际的做，怀疑书本知识，这句话和陶行知的思想如出一辙，可以看出陶行知对于晓庄学生思想的影响，由此也可以推知，那是一个怀疑书本，崇信实际运用的时代，这种思想是对传统教育的质疑。当时许多知识分子认为传统的以四书五经为主的读书的教育，把中国带入了贫弱的境地，要教育救国就要摒弃传统的读书的教育，采用切实见效的做的教育。

李楚材的对于劳工和知识分子的不同态度，反映了那个时代的社会思潮，认为直接从事生产劳动的劳工对社会的贡献大，只尚空谈、不事劳作的知识分子对社会无所贡献，是一个消耗者。那是一个劳工神圣，知识分子农民化的时代，因此，那也是一个崇尚劳动，以劳动为荣的时代。

（六）饲养动物

晓庄学校的师生饲养了好多动物，如鸡、鸭、鹅、牛、羊、猪、狗、驴子等，“晓庄的小动物非常多，它们都能增进晓庄的乐趣，都能点缀晓庄的环境，都能替晓庄的人负一部分责任”①。可爱的狗可以帮晓庄人看家护院：

一天，杨先生从燕子矶抱回来一只又胖又黑的小狗，两个耳朵丰满的挂在两脸，四只脚很矮，两个眼球凸出，骨碌碌的对着人转。这便是“小桀”了。现已成半老，还在晓庄住着。

我们于是天天逗着它玩，给它东西吃，和它到山林里去奔跑，它很友好的在我们膝畔奔来跳去，做如依恋的情状来。它很尽职替我们守夜，偶然有个陌生人经过，便双目瞪视，汪汪的乱吠起来。②

晓庄师生饲养的牛帮他们耕地：

农忙的时候，“牛大哥”便踏到了晓庄，替代了许多的人力，帮助了我们不少

① 李定开.为中国教育寻觅曙光(上)[M].成都:四川教育出版社,1989:339-340.
② 李定开.为中国教育寻觅曙光(上)[M].成都:四川教育出版社,1989:339-338.

的忙，应当向它致敬，应当感念它。

它从一个农家卖到晓庄，身体很健壮，拉着犁走，泥土在犁头上簌簌的分开，我们才能开始工作，翻平泥粒，做好畦间，播种植物。

晓庄师生饲养的驴子是他们的交通工具：

驴的生活最苦，每天要载着一位指导员到各个中心学校去，从和平门，黑墨营，万寿庵，三元庵，吉祥巷，来回走一圈，差不多有二十里路程。

它的性情比较的很温和，不像人说的"刁驴子"，专拣狭路上走，专在树旁经过，有意在河边摇晃。它走着均匀的步调，也不驱驰，也不徐缓，鞭它一下，就振动一下，跑得有劲些。所以谁都爱它，谁都愿意骑它，可是它就非常劳苦了。

它的毛色是带着灰褐。两耳高耸的竖起，走路的时候，时常掀动着。四个蹄子，瘦削而且挺长，但是非常有劲。①

晓庄师生喂养的鸭子和鹅带给他们无限的乐趣，晓庄仿佛人间的乐园：

五月里吧，杨先生从镇上买回来十几个鹅、鸭和鸡，捧在一个篮子里。大家非常高兴，你争我夺的都想要：你几个鸡，他几个鹅，别人又拿了几个鸭去，吵了半天，才论定了那个属谁？这个属谁？

校舍的左边，挖了一条沟渠，四周不过五尺的地步，里面放进了水，就算做鹅鸭的池塘，唯一的乐园，成天的"鸭鸭鸭"地叫着。柔软的羽毛，细小的身躯，有的是灰色，有的是深褐色，也有的是黑色。有的在池塘里拍水，学着游泳，有的在沙滩上晒日，敞开翅膀，也有的在草地上玩耍。②

在晓庄学生的笔下，晓庄学校是那么的祥和、静美，如同人间乐园。

（七）植树造林

晓庄学校热心植树造林，而且借助南京城里农林高校院(所)的力量共同发展林业，"该校之十年计划，有改造北固乡成四时有好花的桃花源之规定。现闻与中大农学院，金大林科，和造林场等，拟定计划，着手进行。将来苗木成林，百花齐放，不但为教育树百年之大计，抑亦创设农林休息之新乡"③。民国时期，整

① 李定开. 为中国教育寻觅曙光(上)[M]. 成都：四川教育出版社，1989：339.

② 李定开. 为中国教育寻觅曙光(上)[M]. 成都：四川教育出版社，1989：338.

③ 王秀南. 介绍革命的晓庄学校——从他们的信条，看出他们的努力[M]//李定开. 为中国教育寻觅曙光(上). 成都：四川教育出版社，1989：376.

个社会掀起植树造林的热潮,晓庄学校作为教育改革的先锋,也积极植树造林,从以上王秀南叙写的晓庄学校的十年规划看,晓庄植树造林的蓝图是非常宏伟的,要苗木成林,百花齐放,成为四时有好花的桃花源,只可惜晓庄学校只存续了短短三年,无法实现宏愿。

(八)经营商店

晓庄学校处在乡间,入城购物非常不便,全校师生便集股开办商店[1]。通过李楚材记叙的校工高大哥请同学们吃糖果的文字可以感知商店的一些状况:

“高大哥买糖吃吧!”当他走过商店的前面,有人说。

“好!”他睨了一眼今天新从城里贩来的糖果,有的粉红,有的碧绿,也有的用五彩的纸包裹着,他着实被引诱了。

“吃可可糖还是薄荷糖?吃陈皮梅还是山楂糕。吃……”卖糖的看着高大哥便问着。

“这三个,那五个,那……”他说不出糖果的名字,向颜色美丽的糖果,用手点着,不问是甜,酸,苦,辣。

“高大哥今天请客了!大家来吃糖呀!”旁边的一个人说,大家从自修桌旁立起,围到商店门前。

“喂!喂!”高大哥只得笑着分给各人吃,在大众感谢声中,他含着一颗糖,津津有味地走开了。[2]

通过上面的文字,我们可以推知商店位于晓庄学校内,经营糖果之类的食品,商店既然是师生集股开办的,按照晓庄学校教学做合一的教学原则,商店的经营管理也应是师生负责的。

(九)中心茶园教学做

晓庄学校中心茶园是和中华职业教育社合办的。里面有乒乓球、棋子、玩具,以资娱乐;有书籍、图画,以增知识[3]。中心茶园是晓庄学校深入乡村社会,改造乡村社会的方式和手段。易铁夫在晓庄学校参观生活一个月后写的调查报

---

① 李定开.为中国教育寻觅曙光(上)[M].成都:四川教育出版社,1989:381.

② 李楚材.高大哥[M]//李定开.为中国教育寻觅曙光(上).成都:四川教育出版社,1989:349-350.

③ 李定开.为中国教育寻觅曙光(上)[M].成都:四川教育出版社,1989:382.

告是这样叙写晓庄学校的中心茶园的：

中心茶园是农民的一个大聚集所，是农民教育的中心，是农民娱乐的中心，是推广农事的中心，全校一共有四个，除万寿庵，和平门的中心茶园我没有去过外，晓庄中心茶园我是常在里面玩的。该中心茶园的设备，有各种挂图，地图，国耻图表，对联，中山像，小说，书报，军棋，象棋，乒乓，又有消费合作社，食物亦极合乎卫生，清洁。中心茶园的活动分四种：(1)时事或农事报告，(2)说书，(3)通俗讲演，(4)娱乐，每个礼拜五夜，开娱乐会一次！音乐呀！唱歌呀！滑稽呀！笑话呀！故事呀！都是有趣味而有意思的活动。每次活动男女老幼都有来的。所以乡村父老，尤其是老太太们，非常拥护中心茶园的，因为中心茶园没有赌，不烧烟，到茶园来喝喝茶，下下棋，看看书，对于他们的儿孙也不会染坏游荡。晓庄的主张"茶园教育化，教育茶园化"，真是实施民众教育最好的方法！[①]

晓庄学校中心茶园并非通常意义上的喝茶消费的场所，而是村民活动的公共场所，有书报供村民阅读，有象棋之类的供村民娱乐，有时事报告之类对村民进行教育，而且每个礼拜五有丰富多彩的学生和村民共同参与的娱乐活动。通过这些活动，中心茶园是教育的场所，更是教化的场所，从而发挥乡村改造的功能。

（十）晓庄学校师范部劳动教育概说

晓庄学校师生通过艰苦的劳动，在荒山上建筑了校舍，栽种了庄稼，种植了树木，养殖了动物，修建了通衢大道和平整的操场，还开办了小商店、木匠店、医院、中心茶园等，劳动把偏僻荒凉的晓庄变成了人间乐园。从无到有，从有到美，我们从中可以看到晓庄学校师生创造的精神和改造社会的力量。"目前在中国最有希望的学校，就是南京晓庄试验乡村师范"[②]，它让人看到了中国教育的希望和中国的希望。

晓庄学校是陶行知先生和师生们创生出来的，它要探索新路，把死教育变成活教育，把读书的教育变成劳动的教育，一开始就具有反传统的色彩。它的大胆创新，以教育救国为己任的伟大精神感召了无数人，因此，到晓庄学校参观的人络

① 易铁夫. 我所认识的晓庄之理论与实际[M]//李定开. 为中国教育寻觅曙光(上). 成都：四川教育出版社，1989：400.

② 魏重庆. 到晓庄后[J]. 国立浙江大学农学院周刊，1928(20)：3-7.

绎不绝，成为当时新教育的典范。但质疑声也一直存在。晓庄学校作为教育机构，这么多的劳动，又不强调读书，学生的文化知识学习如何保证？是不是晓庄学校没有文化学习？有的文献里说，晓庄学校没有讲课的教室。这给人感觉晓庄学校没有通常的老师讲授，只有学生少量的自学。但从在晓庄学校长期参观的区巾雄叙述的他参加的晓庄学校的活动看，晓庄还是有一定的文化课教学的。

区巾雄原本打算报考晓庄学校，但 8 月 30 日到校后，错过了晓庄学校的招考日期，他只好以长期参观者的身份在晓庄学校学习，以下的文字是他记叙的 9 月 2 日到 9 月 28 日参加的晓庄学校的活动：

(1) 国术——为增进康健，我每天参加国术。

(2) 生物组——因为时间还不一定。不知在什么时候活动，我只听讲过一次，实试过一次。

(3) 农事——听邵先生讲数次，很觉有趣，但田地刚分得一些，还未做好，我也曾采过棉花。

(4) 数学——已参加一星期。

(5) 学校卫生——听讲过两次。

(6) 自然——吕先生讲，他的话，我听不来，但也只讲过一次。

(7) 手工——也是吕先生讲，实习我还未参加过。

(8) 英文——只参加过一点钟，办法是把颇有根底的分一班，较好的又分一班，共有两班；但程度低的却没有班，将来也不知怎样？

(10) 会议——寅会，纪念周，生活周会，全体大会，讨论会……都参加。

(11) 烧饭——除烧两天饭外，夜里烧过三次饭。①

从以上区巾雄参加的活动来看，晓庄学校有生物、数学、学校卫生、自然、英语等文化科目的教学活动，但生物教学时间不定，英文也只顾到程度稍好的学生，没有为程度低的学生开办英文课。由此看来，晓庄学校文化课的教学规范度不够，而且开课不足。因此，区巾雄提出质疑：“各科的基本常识，恐不能晓得多少，因各科没有什么联络，活动又无恒，对于时间方面很浪费。”②

① 区巾雄. 我在晓庄长期参观的经过与心得[M]//李定开. 为中国教育寻觅曙光(上). 成都：四川教育出版社，1989：405-406.

② 区巾雄. 我在晓庄长期参观的经过与心得[M]//李定开. 为中国教育寻觅曙光(上). 成都：四川教育出版社，1989：408-409.

这也是值得我们后来者深思的问题,把学习的学校变成劳作的学校,把读书的学校变成劳动的学校,在对传统教育的批判和改革中,这是否有点矫枉过正?如何处理文化知识学习和劳动教育的关系?劳动教育占比多少合适?劳动教育如何开展?应实施怎样的劳动教育?这些都是值得我们进一步思考的问题。这是历史的命题,也是新时代的课题。

二、晓庄学校中心小学的劳动教育实践

晓庄学校中心小学有八所:晓庄中心小学、吉祥庵中心小学、万寿庵中心小学、三元庵中心小学、和平门中心小学(又名神策门中心小学)、黑墨营小学、燕子矶小学和尧化门小学。前 6 所是晓庄学校创办的,后 2 所为特约小学。晓庄学校创办的 6 所中心小学,在 1930 年晓庄学校被封后,只有晓庄中心小学存续了下来,其他 5 所随着晓庄学校的被封而停办,2 所特约小学一直存续了下来,而且一直是江宁县,乃至全国的模范学校。

这八所中心小学都地处江宁县北固乡长江附近的丘陵地带,参见图 6-5。这里土地广袤,人口密度不大,多荒山和荒地,这为中心小学开展田园种植和植树造林等劳动教育活动提供了天然的有利条件。

这八所中心小学所在地位于长江三角洲,属于北亚热带季风气候区,四季分明,夏季炎热多雨,特别是梅雨季节,阴雨连绵,全年雨量充沛,炎热的 4—10 月份降水量较大,雨热同季,有利于农作物的生长。农作物以稻、麦、豆为主,其中收入最高的 5 种农作物为籼稻、小麦、糯稻、大麦、黄豆,除了这些农作物,这里的农民还种植蔬菜,樱桃、桃子等水果。这里还有稻草、麦秆等副产品和果桑菜蔬等特产。除了农田耕作,这里的蚕桑业也非常发达,是农户最重要的副业。

由蚕桑业衍生出织缎业,由于桑蚕业兴盛,当地的织缎业发达,"江宁工业首以缎业为最著"[①],这也就意味着晓庄学校中心小学的一些学生家里拥有织缎的家庭作坊,由于织缎的技术是半机械的,所以需要一定的人力投入,由此可以推知,一些高年级的小学生在家里要参与织缎的工作。

① 潘亦英.江宁县乡土调查[J].江苏省立第一女子师范学校校友会杂志,1917(2):7-9.

这里的农户家里一般都饲养家禽家畜，家禽以鸡鸭鹅为主，家畜以水牛、猪为最多，其次是驴、黄牛、山羊①。

耕作、养蚕、喂养家禽和牲畜，有的家庭还有织缎的作坊，这里的农民非常忙碌，中心小学的学生参与家庭劳动是理所当然的事情。

八所中心小学的家庭以农民为主，“四乡居民悉多以务农为业，……农民几乎占百分之九十”②。“因农民占多数之故，民情尚属温厚，民俗亦颇淳朴。”③

图 6-5　燕子矶附近地貌图

从农户家庭人口状况看，这些农户基本上都是多子家庭，“平均每户农家中男女老幼共有五个半人。此数和去年江宁县各村人口清查的结果比较，每家多一个人”④，一般每户有夫妻两人，当然民国初年还存在着一夫多妻的状况，但大部分家庭是一夫一妻，去除夫妻数（两人），一般每户有两个半到三个半孩子，也就是一般每户有三至四个孩子⑤。在这种多子的家庭里，小学生回家后还有带看弟弟妹妹的家庭劳动。

① 有关地理位置、气候和物产等内容参见：董美英．民国时期生活教育镜像——南京晓庄学校中心小学的历史人类学探究[M]．南京：河海大学出版社，2017：2-5.

② 王垚．江宁县县政概况[J]．江苏，1930(59)．19-30.

③ 王垚．江宁县县政概况[J]．江苏，1930(59)．19-30.

④ 黄应昌．江宁县调查表[J]．统计月刊，1929(4)：42.

⑤ 董美英．民国时期生活教育镜像——南京晓庄学校中心小学的历史人类学探究[M]．南京：河海大学出版社，2017：6-7.

上文介绍与晓庄学校八所中心小学有关的地理环境、物产、家庭等状况，是为方便读者理解中心小学的劳动教育提供一些背景性资料。为了更好地理解晓庄学校中心小学的劳动教育，有必要再介绍一下中心小学的学生状况，因为民国时期的小学生状况和现在的差异较大。

晓庄学校八所中心小学的规模都不大，学生人数不多，多的一两百人，少的一二十人。黑墨营中心小学“校长一人，指导员一人，学生十七人”[①]，这个初创的小学只有 17 名小学生；吉祥庵中心小学也只有 27 名学生，“学生二十七人，是单级的”[②]；三元庵中心小学一度濒临关闭，只有两三个学生，罗怡然到该校任教后苦心经营，1929 年以后学生达 38 人[③]；晓庄中心小学，位于晓庄学校本部，学生较多，“全校学生七十人，分成高年级、初年级及幼稚园三个集团。大抵一二三年级为初年级，四五六年级为高年级”[④]。和平门中心小学因为靠近南京城，位置优越，周边工商人士较多，对教育较为重视，且周围居民稠密，生源充足，该校是晓庄学校自办的学校中学生最多的，有 122 名学生，“该校儿童，计一百二十二人，采复式编制，分为高年级、中年级、低年级、幼稚园四个工作室”[⑤]。

尧化门小学和燕子矶小学都是名校，都地处乡镇，周围居民稠密，学生较多。1929 年，燕子矶小学有学生 150 多人，“学生一百五十余人，编为高中低三级，高级为四五六年级，中级为二三年级，低级为一年级和幼稚生”[⑥]。1930 年，燕子矶小学有学生 238 人[⑦]。

1928 年，尧化门小学的学生总数为 144 人，参见表 6-1，“幼稚生，男 21 人，女 5 人；真级生[⑧]，男 26 人，女 2 人；美级生，男 28 人，女 2 人；勤级生，男 21 人，女 3 人；健级生，男 21 人，女 1 人；公级生[⑨]，男 6 人，没有女生；勇级生，男 7 人，女 1 人”。

---

① 黑墨营中心小学[J]. 上海县教育月刊，1928(14)：209-211.

② 朱晸旸. 南京试验乡村师范学校及三个中心小学[J]. 国立浙江大学教育周刊，1929(46)：36-50.

③ 罗怡然. 谈谈晓庄三元庵中心小学[J]. 安徽教育，1930(16).

④ 王秀南. 晓庄学校与中心小学[J]. 中华教育界，1930(9)：82.

⑤ 王秀南. 晓庄学校与中心小学[J]. 中华教育界，1930(9)：82.

⑥ 方应瓊. 参观南京燕子矶小学报告[J]. 衢县教育，1929(1)：62-66.

⑦ 李云航. 南京燕子矶实验小学[J]. 湖南教育，1930(17)：3.

⑧ 尧化门小学用真、美、勤、健、公、勇对年级进行编号，分别指小学一、二、三、四、五、六年级。

⑨ 指小学五年级的学生。

表 6-1　1928 年尧化门小学学生人数统计表

年级	幼稚园	一年级	二年级	三年级	四年级	五年级	六年级	合计
男	21	26	28	21	21	6	7	130
女	5	2	2	3	1	0	1	14
合计	26	28	30	24	22	6	8	144

资料来源:《南京尧化门小学概况》.载《教育与职业》第 103 期,第 1080 页.

尧化门小学学生状况可以反映出乡村小学的基本状况,从表 6-1 可见,年级越低,学生人数越多,低年级(幼稚园和一年级)和中年级(二、三年级)的人数都是 54 人,占全校人数的百分比都是 37.5%,高年级(四、五、六年级)的人数为 36 人,占全校人数的百分比为 25%。五年级和六年级的人数都非常少,不到 10 人,分别为 6 人和 8 人。能够从事建造公园之类的比较重的体力劳动的应是高年级的学生,而尧化门小学高年级的学生只有 36 人,加上 6 位教师,也就是 42 人,在这种劳动力状况下,他们完成了修建公园、修筑道路等工作。

其他几所学校的学生年龄分布状况和尧化门小学差不多(请参照前文和平门小学低中高年级的人数)。小学生年龄分布状况和乡民对学校认可度的变化及其群体的跟从效应有关。随着晓庄学校办学活动的发展,他们的宣传活动的展开(为了吸引学生进入晓庄学校中心小学就读,他们印制招生广告进行宣传),以及和当地士绅关系的密切,乡民逐渐接受新式小学,愿意把子女送入学校就读。但从学校学生人数看,入学率仍然很低,当时江宁县义务教育入学率为 20%左右,也就是说 5 个儿童中只有 1 个儿童入学,晓庄学校中心小学附近的乡村儿童入学率和所属的江宁县入学率相近。

从尧化门小学学生的状况还可以看到,乡村男女儿童入学机会严重不平等,女童入学机会很少。在尧化门小学,女生占比还不到一成,为 9.7%,男生占比却高达 90.3%,这种状况和重男轻女的思想密切相关,而且还和传统的"女子无才便是德"的思想有关。处在城郊且风气较为开化的乡镇尚且如此,在偏远的乡村,这种情况更加严重,女童入学的比例更低。

总之,晓庄学校八所中心小学的学生人数都不多,人数最多的燕子矶小学为 238 人,人数最少的黑墨营中心小学只有 17 人,而且都是男生多,女生少。就是在这样的小规模学校中,他们开展了多种形式的劳动教育,不仅基本上通过师生劳动实现学校自治，而且从事社会改造工作。下文将从学校劳动、家庭劳动和社会劳动三个方面来呈现晓庄学校中心小学的劳动实践状况。

（一）学校劳动

从上文对晓庄学校八所中心小学的地理位置的介绍，我们得知它们地处丘陵地带，学校周围多荒山荒地，这就为他们开垦土地、设置农场、植树造林等提供了条件。从图 6-6 看，燕子矶小学院落的东北部有广阔的操场，北边有大面积的山地，这些山地是植树造林区，通过植树成为该校的学校林，1926 年，燕子矶小学师生在此建成燕子矶公园。

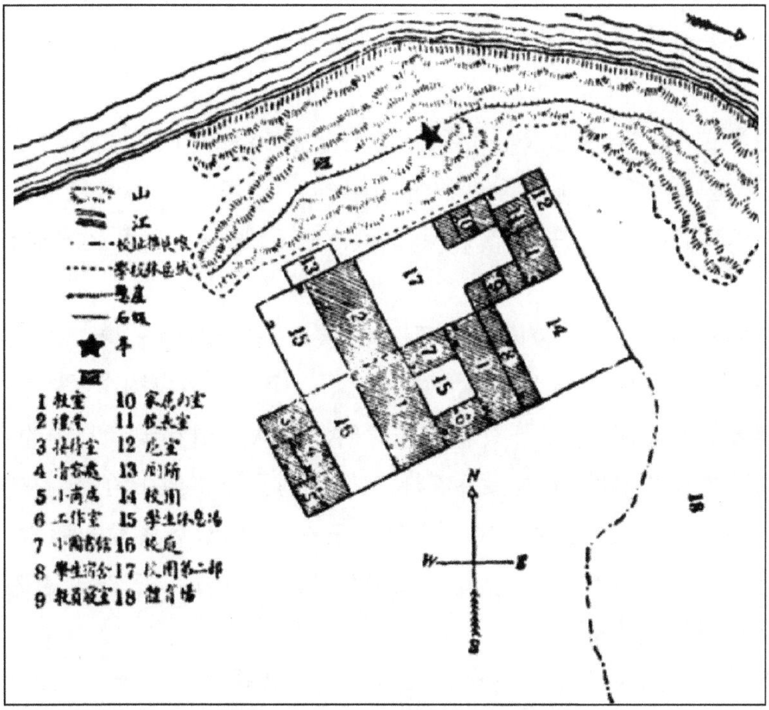

图 6-6　燕子矶小学平面图

燕子矶小学是四进的院落，他们把最后面的院落辟为园艺作业场，园艺作业场又划分为蔬菜园和桑园。在校园里，他们还设置了小商店、图书馆、接待室、饮水处等。

尧化门小学在 1928 年时，“校地共计八亩多，校舍占二亩多，体育场约占一亩，新村小公园约占一亩半，花圃约占一亩，菜圃约占半亩，桑树园占二亩多”。

其他 6 所中心小学的校园也基本上是这种布局，校园既是学习的场所，也是劳动的场地，学校既是学习的地方，也是劳动教育的地方。现把中心小学学校劳动教育的状况分述如下。

1. 清洁校园。晓庄学校中心小学非常注意学校环境的清洁卫生，在当时办学经费非常紧张的情况下，他们仍然购置了比较齐全的清洁用品，如脸盆、牙刷、鸡毛掸子、扫帚等个人和集体清洁用品一应俱全：

铜脸盆四个，喷水壶两个，穿衣镜一个，板刷一个，牙刷二十六个，字纸篓两个，桌子毯两个，窗帘儿一个，门帘儿一个，台布一个，鸡毛掸子两个，箕子三个，大扫帚一个，小扫帚四个，抹布七块，铁夹两个，桅灯一盏，花瓶一个，衣架十个。[①]

晓庄学校中心小学每天早上和下午放学前都有打扫卫生的活动，学校没有校役，都是师生自己打扫。燕子矶小学的学生每天 6 点到校，8 点开始上课，6—8 点清洁校园，下午 4 点下课，6 点离校，下午 4—6 点是清洁校园和劳作的时间。

晓庄学校中心小学把校园清洁课程化，从表 6-2 和表 6-3 看，早上到校后师生要打扫卫生。晓庄中心小学的清洁时间是 1 个小时，尧化门小学打扫加上检查的时间要 2 个小时，下午都有农事的时间。这两个由参观者制作的表格中都没有提到下午打扫卫生，根据有关资料，实际上每天下午放学前都会有清洁教室和校园的安排。尧化门小学甚至一天打扫三次，一位参观者写的调查报告这样说：“尧化门小学教室都是泥土地，每天学生轮流值日打扫三次，非常整洁，座椅排列非常整齐美观。”[②]

不管一天打扫两次还是三次，总之，晓庄学校中心小学都非常注意环境卫生，尽管教室、操场、校园都是泥土地面。

① 周德定. 晓庄中心小学(续)[J]. 湖南教育，1929(13)：1-7.

② 南京尧化门实验小学[J]. 上海县教育月刊，1928(14)：117-177.

表 6-2　晓庄中心小学儿童生活日程表(即课程表)

时间	4:00—6:00	6:00—7:00	7:00—7:30	7:40—8:00	8:10—9:00	9:10—9:40
生活活动	起床、早操、整洁、个别作业(阅读、记日记等)	早餐、洒扫整理	总理纪念周(周一)及晨会	用数	用书报	艺术活动(形艺、工艺制作、歌唱练习)
时间	9:50—10:30	10:30—15:00	15:00—18:00	18:00—19:00	19:30—21:00	21:00—4:30
生活活动	社会研究	休息、午餐、午睡	全体大会 自然研究 社会服务 先锋团活动 艺术活动 童子军整洁活动	农事园艺、晚餐、休息	个别作业(写信、阅读、写字、记日记)	晚睡

注:为方便参观人员,该校星期五休息,星期日上课。资料来源:王秀甫.《晓庄学校与中心小学》. 载《中华教育界》18 卷 9 期 82 页

表 6-3　尧化门小学美勤级(即二、三年级)生活日程表

时间	5:30—6:30	6:30—7:30	8:00—8:20	8:30—9:10	9:10—9:25	9:25—10:25	10:25—10:40	10:40—10:50	10:50—10:55
生活活动	清晨勤务	特别勤务、早到比赛、清洁检查	总理纪念周(周一)晨会	国语(或算术)	休息	算术或国语或画或社会	休息	集合操	休息
时间	10:55—11:25	11:25—12:05	13:30—14:00	14:00—14:15	14:15—14:55	14:55—15:10	15:10—15:50	16:05—16:40	16:40—17:20
生活活动	形艺或工艺	阅读娱乐游戏	社会或三民主义或故事	休息	自然或缀法	休息	农事或音乐	演讲会或体育或童子军或裁判会或卫生会	娱乐运动游戏

注:该校星期日休息半天。资料出处:《上海县教育月刊》. 126-127

为了保持校园环境整洁卫生,晓庄中心小学要求学生不随地吐痰、不乱丢垃圾。学校管理规定中有不随地吐痰、垃圾入篓的相关内容[①],每个学校都备有字纸篓和痰盂,"字纸篓和痰盂两样东西,乡村小学一定要的。它的地位要安稳且易使大家注意"。[②]

晓庄中心小学有一套卫生检查和奖惩的措施:"把年龄较大的学生分为中山、林肯两队,两队各设正队长一人,副队长一人,队员十余人。每天课后打扫卫生,用比赛的方式来清洁校舍和校园。每天上午9:30举行晨会时,由年龄较大的三个学生分别逐一检查,然后教师点名发问,检查者依次回答——或清洁或第二清洁或不清洁,清洁者用小花(❀)作为标记,第二清洁者用圆圈(○)作为标记,不清洁者用问号(?)作为标记。"[③]

学校不仅注意环境卫生,而且还注意儿童个人清洁卫生习惯的培养。每天早上学校都对小学生进行例行的卫生检查,看脸、手是不是洗干净了,手指甲是不是修剪了,衣履是否干净等。晓庄中心小学在教室里常年挂10把指甲剪刀,供儿童修剪指甲用,让他们养成良好的卫生习惯。

燕子矶小学走道的屏门上装有供小学生正衣冠的穿衣镜,镜框上写着提醒儿童的四个大大的字——整洁衣履,两边门上用白纸剪成桃形,上书黑字,分贴两行,上面写的字为:"小朋友们,你到校里,先把自己的脸儿、手指、衣服都看看清洁吗?"镜子的下方挂了一个玻璃框子,里面写着校风二十条,其中四条和清洁卫生有关:"(七)衣履整洁,(十二)不随地吐痰,(十三)整理校内清洁,师生共同操作,(十九)注意大小便卫生。"

2. 美化校园。陶行知先生要求第一校园要净,第二校园要美。不净,则师生懒惰;不美,则师生缺乏艺术的趣味。因此,晓庄学校中心小学的校园环境除了洁净之外,还要求美观。

在当时贫困的经济条件下,陶行知主张以最少的经费办理最好的教育,晓庄学校的八所中心小学除了晓庄中心小学(最初在长生庵里,校舍建好后才搬到晓庄学校的教室里)、黑墨营中心小学外,其他几所中心小学的教室都是借用的庙

① 董美英.民国时期生活教育镜像——南京晓庄学校中心小学的历史人类学探究[M].南京:河海大学出版社,2017:91.

② 陆静山.晓庄中心小学之创设及其问题[J].教育杂志,1928(5):75.

③ 周德定.晓庄中心小学(续)[J].湖南教育,1929(13):1-7.

宇，这些庙宇大多破旧不堪。

晓庄中心小学最初开学时借用长生庵作为校舍，它的破败程度基本上代表了其他被晓庄学校中心小学借用的庙宇的状况：

长长的三敞间房屋，正中有一座佛座，西边也依着墙壁砌着佛座，几个泥塑木雕的像，斑驳剥落，颜色都褪掉了，露着乌黑的泥土，东倒西歪的分列着；蛛丝网住了头脸，有的眼睛已经闭着，假定有灵，恐也分不出清白来了。一个破角的香炉，配着两座烛干，似乎断了香火好久了，两边柱上贴着红纸的对联，正中是“四大皆空”的横额，也是纸写的：大约神而不灵，所以弄得破破碎碎了。在佛座前有三十张矮桌，二十几个“小罗汉”坐着。鼻涕拉到嘴，脸黑油油的，头发乱松松，也有的小辫子屈在肩背上。花布衣服，青裤子，腰间还有一条带子束着。[①]

当时晓庄学校的学生李楚材对这所庙宇的描述，可以用肮脏、破败来形容。

就是这样的庙宇，也要经过许多周折，在当地士绅的帮助下才能借到，此不在本书研究范围，在此不做论述。本书只陈述晓庄学校借到这样的庙宇后的美化改造工作。

借到这样破旧的庙宇后，首先是清洁、粉刷，“损者补之，污者粉之，已成为独一无二之绝妙校舍”。“他如荒山之开垦，湿地之填平，而今日之体育场、园艺圃，乃不费一文而收获，实为最妙且奇者也。此外各种设备，如椅桌教具、图书玩具等物，亦告粗全。一月六元经费之学校，能扩充至如此地步，亦属难能可贵者也。”[②]这是和平门小学对于教室和校园的美化，从参观者的角度看，已达到绝妙、奇妙的惊艳程度。

对于教室（依照生活教育理论，中心小学的教室叫作生活室）内部的美化工作，晓庄中心小学更是用心用力，充分体现了他们艺术的兴趣。三元庵原为神庙，里面罗列了成行的观音和诸神，改为教室后，首先进行刷新，殿里拉上鲜艳的蓝布，使神像都挡在幕后，墙壁上绘有各种时景图、玩具图，以作为点缀，大殿上空则横着拉上一条条彩色纸条，中间用一螺丝钉在适当的地方，使它高起成弓形，颇含有艺术韵味。“身入其中者，只知为精美的学校，而不知其为一破庙了”[③]，原来的破庙在中心小学师生的精心装饰下成为充满艺术气息的精美

① 李楚材．晓庄小学的几个蜕变[J]．教育动向，1928(15)：244.

② 王秀南．晓庄学校与中心小学[J]．中华教育界，1930(9)：86.

③ 罗怡然．谈谈晓庄三元庵中心小学[J]．安徽教育，1930(16)：15.

教室。

教师注意引导儿童发现自然之美，到大自然中寻找美的物品装饰教室，“装饰品要不是钱买来的最好。乡间自然物很多，如树叶、树枝、蝴蝶、麦秆、各种秋叶、果实、果核等，举不胜举，它们在乡间的各处都有，可以拾到、采到”①。生活教育，指生活时时处处是教育，教育与生活沟通，与大自然沟通。晓庄中心小学的教室的装饰和布置多用大自然的天然的东西，乡间有丰富的大自然之物，就地取材一是经济，不要什么费用，二是教室充满自然之趣、自然之美。教室的装饰是经常变化的，有时用师生的画作装饰，有时用教师的美术画、学生手工艺术作品和照片等装饰，“贴儿童工艺作品(贴纸)及师范生美术画，上挂纸彩……四壁有油画、水彩画、各种照片……上挂五彩布条及纸花，故甚整洁而美丽”②。

尧化门小学教室的装饰是用学生的图画、工艺作品、自制的镶嵌在镜框里的植物标本等进行装饰，创造、艺术的气息也非常浓厚。“墙壁上粘贴着从旧报纸上剪下的各地名胜和电影明星的照片，学生的图画工艺成绩和采集的植物标本也放在镜框里挂在墙上……教室地面都是泥土地，每天学生轮流值日打扫三次，非常整洁，座椅排列非常整齐美观。”③

3. 农事劳动。乡村农民大部分以耕种为生，作为乡村小学，农事教育是适应乡村生活需要的必要课程，“因为大多数村民认为种田是最可靠最合理的谋生手段”。④ 对学生进行农事教育，不仅让他们会种田，而且要科学种田。对小学生的农事教育不是一概而论，而是区别对待，顾及不同年级学生不同的体力状况，对农事有不同的要求，低年级的小学生主要是观察和试验，高年级的小学生直接从事生产劳动，而且种田的量也不大，一般为一分地，比如尧化门小学农事的教育：

低年级侧重观察和简单的试验，高年级每人顾及生产方面，种地面积大约一分，种植蔬菜谷类等植物，收获后拿到市面上出售，得到的钱划分为三部分，一部分

① 陆静山.晓庄中心小学之创设及其问题[J].教育杂志，1929(5)：75.

② 周德定.晓庄中心小学(续)[J].湖南教育，1929(12)：2-3.

③ 尧化门实验小学[J].上海县教育月刊，1928(14)：155.

④ 杨懋春.一个中国村庄：山东台头[M].张雄，等译.南京：江苏人民出版社，2012：47.

用于购置种子、肥料等，一部分用于添置农具，一部分抵做劳力的代价。[①]

燕子矶小学和尧化门小学差不多，只是学生的自由度更高，一切听任学生自己处置，图 6-7 为燕子矶小学的学生在田里劳动。

全校共二百几十个学生，每人都有一分地，每学期纳小洋一角，以作租金，如不去耕种，任其荒芜，也不加取缔。随他们自己去做什么都好。但这些天真的小朋友，对于他们所有的那一份小财产，都看得异常珍重。所以，每年产品很多，这种收获也有小朋友自行处分，或担归家中，或出市售卖。[②]

晓庄中心小学三间大教室的前面是操场，后面是菜园，参见图 6-8。菜园不大，种植管理责任分派到人，菜园里竖立着许多木牌，记载着种植和收获的各种信息，类似于农校的试验田。

在教室的北面，开辟了一个菜园，名字叫"晓庄中心小学菜园"。长 92 尺，宽 81 尺，面积 7452 方尺，把全菜园分为十四畦，每畦指派一或两三人负责，师生共同种植，畦旁都竖立一个木牌，上面写着种的是什么、下种期、下种分量、花费的时间、收获期、收获的数量、收获的质量、卖多少钱和种植者的姓名，等等。[③]

图 6-7　燕子矶小学校园劳动图

① 南京尧化门小学概况[J]. 教育与职业，1929(103)：1084.

② 丘景尼. 调查燕子矶小学报告[N]. 中央训练部公报，1930(2)：57-67.

③ 周德定. 晓庄中心小学(续)[J]. 湖南教育，1929(12)：2-3.

图 6-8　晓庄中心小学教室后面的菜园

4. 园艺种植。燕子矶小学的园艺种植有两处,分别被称为滨江乡和汤泉乡。汤泉乡在第三教室右方,滨江乡在第二教室后面,内有师生种植的各种花卉植物,虽然不是名花异草,但是雅致茂盛,无芜秽之象(参见图 6-9),足见师生之勤劳。从图 6-9 看,庭院中间有假山一样的东西,假山周围和房屋前面环以花草,如同小公园,美丽宜人。

图 6-9　燕子矶小学师生校园园艺作业

5．垦荒。晓庄学校中心小学地处丘陵，多荒山荒地，这为他们垦荒种植提供了可能，图 6-10 是燕子矶小学的师生在开垦荒地。在课外活动时间，年长的学生和教师一起开垦荒地，以作耕种和植树之用。

图 6-10　燕子矶小学的师生在开垦荒地

6．修路。为了优化环境，中心小学的师生修筑道路，把泥土路用废弃的碎砖铺起来，这样下雨天就不泥泞了，而且平日里也整洁美观。尧化门小学校园道路是用碎砖铺成的，道路的两边种上密密的冬青树，长约二十丈。校园周围是枸杞做的围篱，长约十丈。[①] 枸杞做的绿色的围墙，碎砖铺就的校园小道，道路的两旁种上密密的绿色的冬青，想想这是多么美的校园！燕子矶小学的路也是师生共同修筑的，校园各处由碎砖砌的道路相连，道路两旁种植冬青，曲折幽雅(参照图 6-11)，真是如同公园般的校园。

7．经管小商店。在尧化门小学 15 间校舍中，除了三处作工读室(即教室)外，还有半间房屋作小商店。

校舍系三进一厦。第一进三间，系就原有城隍庙改造的；第二进五间，系民国十年建筑的；第三进茅屋四间，系民国十四年建筑的。今年因校舍不敷，另向校外租用民房三间。使用方法：第一进三间，校长家属住宿一间，会务室一间，小

① 苏教厅长视察江宁尧化门小学校笔记[J]. 小学教育月刊，1926(3)：2.

图 6-11　燕子矶小学校园里的小路及在路上做操的小学生

商店半间，烹饪教室半间。第二进五间，教员办公室半间，教员寝室半间，第一工读室——美勤合级——三间，接待室一间。第三进四间，第二工读室——真幼合级。披厦作为图书馆、娱乐部。校外租用的民房，健、公、勇级工读室。小茅房作为工役室。厕所是露天的。[①]

燕子矶小学的商店有一室大小，名称为燕矶商店，参见图 6-12。商店由全校师生入股合资经营，由学生值日轮流服务。商店内出售学习用品和日用品。除了本校学生购买外，燕子矶镇上的人也来购买。小商店外还有一间供顾客休息的小客室，里面陈设桌椅，墙壁上悬挂小商店简章、小图书馆图书单子、训育组织、北固新村组织大纲等。设置小商店的目的不在营利，而是为了学生"练习簿记，接待宾客，认识商品，研究物产之来源等"[②]。

8. 烹饪。燕子矶小学的厨房在校园的最后面，里面放置了切菜的桌子、水缸、打水的木桶和锅灶等物，整齐清洁。一般由校长夫人丁夫人带领年长的高年级女生做饭，男教师和男学生一般不参与烧饭。燕子矶小学的家事、烹饪教学，由校长夫人丁夫人传授，也不拘泥课本，教师在做中教，学生在做中学。每日在

---

① 南京尧化门小学概况[J]. 教育与职业，1929(103)：1080-1081.

② 陶行知. 陶行知全集(第 2 卷)[M]. 成都：四川教育出版社，1991：256.

图 6-12　燕子矶小学的小商店和正在购物的小学生

校治膳，年龄较大的两三名女生作为助手，在实际操练中学习家事和烹饪之道。图 6-13 是正在做午餐的女生。

9. 饮水服务。燕子矶小学第一教室的后面是饮茶处。有一个大茶壶，茶杯

图 6-13　燕子矶小学正在做午餐的女生

由学生个人自备，统一放在一个长长的条形几案上，小学生课间统一到这里来喝水，参见图 6-14。每天每个教室派一名学生在此为同学服务。饮茶也有相应的规则，饮茶规则写在纸上，粘贴在饮茶处的墙上。

图 6-14　在饮茶处服务和喝水的小学生

10. 图书馆管理。燕子矶小学第二教室左边的厢房是小小的图书馆，里面有一张大长桌，上面放着各种参考书和报纸，有一个小书架上面放着各种杂志，参见图 6-15。小图书馆有著作、报纸、杂志、儿童刊物三四百本，儿童刊物有《小朋友》《儿童世界》《儿童书报》《学生杂志》等，每天服务管理借书的事情由学生负责。

燕子矶小学的图书费源于学生的节敬。当地风俗，每年端午、中秋、春节这三个节日，学生向教师送节敬，一般 3 角，多的 1 块大洋，一年总共可以收入数十元。教师把这些节敬收入全部用于购置图书。

尧化门小学也设有图书馆，图书管理也是由小学生负责。它的图书是八所中心小学中较多的，“教师参考用书 300 余册，儿童读物 350 余册，共计 650 余册”①。

晓庄中心小学的图书是晓庄学校自办的六所中心小学中最多的，“本部特设

① 南京尧化门小学概况[J]. 教育与职业，1929(103)：1080-1081.

图 6-15　燕子矶小学的学生在图书馆看书报

一比较完备之儿童图书馆于晓庄中心小学，中间备有巡回文库，供给各中心小学儿童阅读”[①]。当然，其他中心小学也备有图书，比如三元庵中心小学，但三元庵中心小学没有专门的图书馆，而是将办公室兼作图书馆。“我们也注重书本，不过方法和别人家不同，别人家为书役，我们是要役书的。所以我们的方法是：‘干什么事用什么书。’‘儿童阅读的三十种，计百九十本。导师参考的二十八种，计百五十本。……此外尚有《时报》《申报》《时事新报》《乡教丛讯》《学生杂志》《教育杂志》《中华教育界》等’。”[②]但是，因为经费不足，图书的购置量不够，“考查各校图书，不特儿童用书者，寥寥无几（惟晓庄小学稍告周全），即教师用者，亦多付阙如。如和平门小学，虽由师范生书籍集合而成图书室，毕竟本数有限，是否即可应用其间接经验，亦处置校务，而挥指裕如，要亦最大疑问也”[③]。

晓庄学校八所中心小学的图书馆的书籍数量不多，少的百余本，多的六七百本，但在当时办学经费捉襟见肘的情况下，已是难能可贵。这些图书一方面为乡村儿童提供了精神食粮，另一方面也给他们提供了管理图书的劳动机会，锻炼了他们的管理能力。

---

① 陆静山.晓庄中心小学之创设及其问题[J].教育杂志，1929(5)：87.

② 罗怡然.谈谈晓庄三元庵中心小学[J].安徽教育，1930(16)：13.

③ 王秀南.晓庄学校与中心小学[J].中华教育界，1930(9)：89.

11. 替乡民写信。晓庄学校中心小学附近的乡民多不识字，常常请教师代为写信，教师就让学生写，并对他们进行指导和修改。一方面学生得到了练习，另一方面乡民看到小小年纪的学生可以写信了，也增加了对学校的信任。[①]

12. 接待宾客。晓庄学校中心小学作为新教育改革的典范，许多小学教师和记者慕名前来参观。1926 年陶行知在演讲中这样称赞燕子矶小学：“来校参观的人，北至奉天，南至广东，西至四川，都没有不知有此燕子矶小学的。”[②]由此可知，1926 年时燕子矶小学成了闻名全国的模范小学，“誉驰遐迩，中外人士莅校参观者踵趾相接”。[③] 美国教育学者孟禄曾到该校参观，大为称赞，图 6-16 为孟禄与陪同他参观的赵叔愚教授在燕子矶小学的合影。

小学生负责学校参观者的接待，图 6-17 为在应接室接待参观者的小学生，他们不仅要给参观者倒茶水，还要帮助抄写参观者索要的燕子矶小学的各种表格，参见图 6-18。

各地的教育工作者和记者到其他 7 所小学参观的也挺多。小学生接待参观者，展示了晓庄学校中心小学良好的精神风貌，展现了晓庄学校的办学成绩。小学生举手投足间展现出来的素质给参观者留下很好的印象，不论是到晓庄小学还是到燕子矶小学或其他小学参观的人，对于小学生的印象都是衣帽整洁，进退有礼，待人接物落落大方。办学成绩的评定，不能单单根据考试的分数，学生的精神风貌是最重要的，陶行知说教育就是培养整个的人。

（二）家庭劳动

前文对晓庄学校中心小学所在地的物产、养殖、人口等状况作了介绍，小学生的家庭劳动可结合这些背景知识予以理解。在这里，六七岁的儿童就会主动帮助家里割草、放牛、放鹅或者看护果园，小学生在农忙时节参与家庭劳动是自然的事情，平时也会帮助家长料理家务。晓庄学校中心小学的学生的家庭劳动主要有以下几种。

---

① 董美英. 民国时期生活教育镜像——南京晓庄学校中心小学的历史人类学探究[M]. 南京：河海大学出版社，2017：34.

② 陶行知. 在燕子矶小学乡村公园落成典礼上的贺词[M]//陶行知全集（第 2 卷）. 成都：四川教育出版社，1991：258.

③ 丁超. 燕子矶小学[M]. 北京：商务印书馆，1930：86.

图 6-16　孟禄博士和赵叔愚教授到燕子矶小学参观

图 6-17　燕子矶小学学生正在招待参观者

图 6-18　燕子矶小学给参观者抄写表格的小学生

1. 家庭农事试验。中心小学的教师把优良品种分发给小学生,小学生在自家的田地里进行试种,建立学生家庭农事试验场。

> 学生在家,每个人种地一小块,学校每年散发给学生各种种子两次,让学生领回家中种在地里,让学生把耕种、除草、施肥、治理害虫以及生育状况等写报告,学生种植的特别优良的,就组织参观团到学生种植的地里参观。这种办法很有趣味,并且能引起乡民的注意。①

这种学生家庭农事试验场,还有推广优良品种的用意,学生在自家地里种的蔬菜或粮食比家里的自有种子收成好,农民自然就会采用,有利于推广科学种田,进而实现对乡村经济的改造。

2. 假期家庭劳动。乡村小学大的假期有两个——暑假和寒假(有的小学不放暑假,如燕子矶小学),还有 6 月和 10 月两个稍长点的农忙假,约两到三周时间。总理纪念日等小节日会放假,一般为半天或一天的时间,星期天也放假半天,参见表 6-4。寒假完全不上课,而暑假因为乡村不忙,学生要到校上半天课。农忙放假期间,每天早晨学生到校学习一到两节课,其他大部分时间参加家庭的生产劳动。

表 6-4　尧化门小学假期一览表

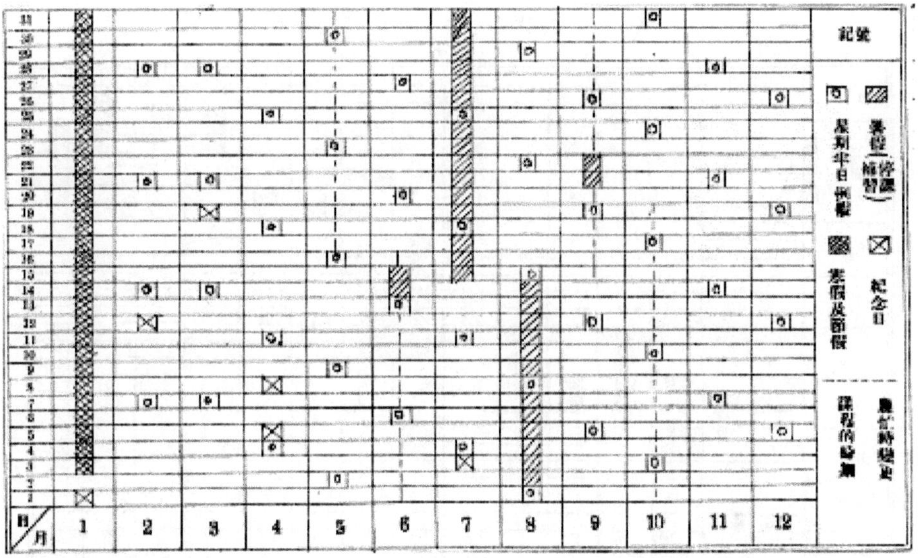

资料来源:江恒源. 江宁尧化门小学校视察笔记[N]. 江苏教育公报,1926(7):47.

① 江恒源. 江宁尧化门小学校视察笔记[N]. 江苏教育公报,1926(7):122-138.

尧化门中心小学地处乡村，学生家长为农民的占60%以上，农忙时节，年长的学生要回家帮父母从事农业劳动，但是每天也还会到学校学习一两个课时。早起上课时，不用钟，而用号，有童子军吹喇叭，喇叭响数声，学生纷纷从四野来校，放牧的把牛放下，耕作的把秧苗放下，课业完毕，再回到田里工作，所以在农忙时期，学校会修订课表。该校也放暑假，但因为暑假不太忙，仍要上半天课。该校上课时间安排适合实际的乡村生活。①

3. 平日佐理家务。儿童在家庭里参加力所能及的劳动，从比较轻松的守桑田、放鹅鸭、牧牛到劳累的锄麦、锄豆、割麦子、打豆和割稻，随着季节不同，农事也不同，儿童帮助家庭劳动的种类也随之变化，参见表6-5。三月份是锄麦，四五月份是看守桑田和帮助养蚕，五六月份是放鹅鸭，五月底是割麦子，五六月份是插秧，七八月份是锄豆，六七八月份是除草，五六七八月份是汲水，八九月份是打豆和割稻，十月和十一月份是打柴、种麦子和拾柴，从四月份到六月份和九十月份是牧牛。儿童对于家庭劳动的全面参与，一方面培养了儿童吃苦耐劳的品质，另一方面也让许多家长感受到儿童读书对于家庭的负担，这也是许多儿童不入学或者辍学的原因。同时，也是一些学生时常缺课的原因，农忙时节要到农田

表6-5　尧化门小学学生佐理家务表

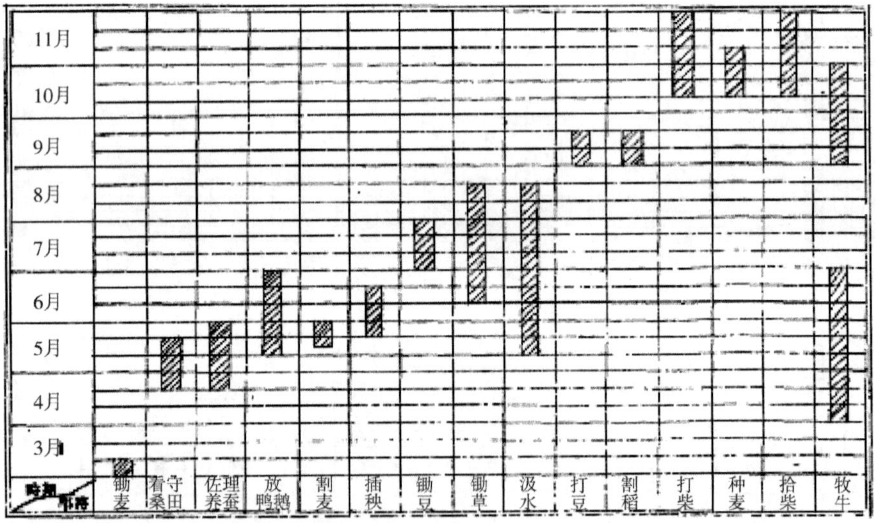

资料来源：江恒源. 江宁尧化门小学校视察笔记[N]. 江苏教育公报，1926(7)：47.

① 南京尧化门小学[J]. 上海县教育月刊，1928(14)：126.

里劳作或者帮助家里打柴，不到校上课，所以缺课在乡村小学中是经常发生的事情。教师会在平日自由活动时间或者周日上午不上课的时间，给这些缺课的学生补课。

从表 6-6 看，燕子矶小学低年级的小学生放学回家后，一般帮助家里牧牛、放鹅等，一年中随着季节不同，学生帮助家里做的事情也会不同，三到五月以牧牛为多，九到十月以割柴为多，三到四月以看桑养蚕为多，但牧牛是最多的，高年级的学生还要帮助家长做饭或者带弟弟妹妹。

表 6-6　燕子矶小学学生佐理家务表

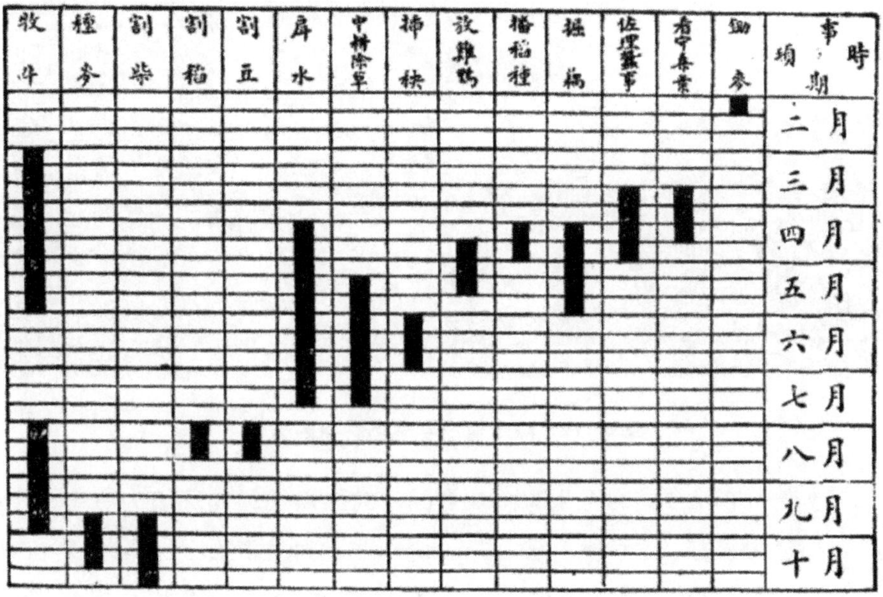

资料来源：丁超．燕子矶小学[M]．商务印书馆，1930：29．

（三）社会劳动

燕子矶小学“注重养成学童尊崇劳作及服务社会之精神”[①]。在中国传统的意义上，上学就是读书，以背诵记忆经典诗书的内容为主要任务，所以学生被称为读书人。民国时期，学生不仅要读书，还要劳动，一方面改变了学生读书的生活形态和社会对于学生等于读书的认知，另一方面也锻炼了学生吃苦耐劳的品

① 陶行知．陶行知全集（第 2 卷）[M]．成都：四川教育出版社，1991：256．

质，同时也培养了学生立志改造乡村的精神。学生从读书者变为全面生活参与者和社会变革者。社会劳动是晓庄学校中心小学的重要劳动内容。

1. 改造乡村环境。燕子矶濒临长江，风景秀美，但是上无树木，童山濯濯。燕子矶成为燕子矶小学的林场后，师生植树造林，从校门口一直种植到学校后面的燕子矶山上，数年后，树木茂密成林，参见图 6-19 。

图 6-19　燕子矶小学林场种植的树木

2. 改变和培养乡民的卫生观念。乡民一向不以脏污的环境为有害，随处乱丢垃圾，街道无人打扫，污秽不堪。燕子矶小学的师生组织卫生队上街打扫卫生，图 6-20 为丁超校长带领学生打扫街道卫生的情景，小学生用小扫帚扫，丁超校长用大竹扫帚扫。一开始有的乡民讥笑洋学堂的师生愚痴，但是师生不与之计较，街道脏了，师生就打扫，时间久了，乡民也感觉到清洁的街道好了，乡民受到影响，渐渐有了打扫卫生的习惯。

3. 建造乡村公园——改变乡民的休闲娱乐方式。乡村基本上没有什么休闲娱乐场所，农民主要到茶馆娱乐休闲，茶馆里赌博、吸食鸦片成风，茶馆成为聚赌吸毒的场所。

燕子矶小学师生利用课外时间建造燕子矶公园，除了大量植树、绿化环境外，还修缮改造碑亭，使之更加美观，参见图 6-21。另外，全体师生动手建造茅亭，这种茅亭用木材作为框架，用当地产的茅草做顶，造价低廉，能遮风避雨，同

图 6-20　燕子矶小学卫生队打扫村镇街道

图 6-21　改造后的燕子矶碑亭

时也不失美观，参见图 6-22。燕子矶公园是燕子矶小学师生亲手建造的，图 6-23是燕子矶小学师生共同劳动建筑公园的境况，他们有的搭建支架，有的搬石头，干得热火朝天。燕子矶公园于 1926 年建成，陶行知等知名人士和政府官

图 6-22　刚建成的燕子矶公园茅亭

图 6-23　师生共同工作,建筑燕子矶公园

员参加了公园的落成典礼,参见图 6-24。陶行知先生在公园的落成典礼上发言,对燕子矶小学给予高度的赞扬和评价。在公园里设有农民图书馆和娱乐社,乡民们劳动之余可以在这里休闲娱乐,阅读书报,增广见识。公园的设立改变了农民到茶馆休闲和赌博的恶习,美化了社会风气。

图 6-24 燕子矶公园落成典礼

晓庄学校其他 7 所中心小学也建造了小公园,只是没有燕子矶公园的面积大、设施好。

处在社会转型期的晓庄学校中心小学是以改革者的身份立于乡村社会的,它承载着教育改革家的理想和新教育的希望。在教育可以解决社会根本问题的思想主导下,它同时承载着乡村自治的希望,它谋求教育适合乡村社会的需要,致力于乡村社会的改造,成为当时新教育的典范。晓庄学校中心小学实施的是适合乡村生活的活教育,培养的是改造乡村社会的活国民。陶行知先生说:"以后看学校的标准,不是校舍如何、设备如何,乃是学生生活力丰富不丰富。村中荒地都开垦了吗?荒山都造林了吗?村道已四通八达了吗?村中人人都能自食其力吗?村政已经成了村民自有、自治、自享的活动吗?"[①]在陶行知看来,乡村学校以乡村改造为目的,办得好坏,关键看是否发挥了乡村改造的功能,所以,社

① 陶行知.陶行知全集(第 1 卷)[M].成都:四川教育出版社,1991:86.

会劳动是晓庄学校中心小学教育的重要内容。

（四）晓庄学校中心小学劳动教育的特点

1. 利用课余时间进行劳动教育。晓庄中心小学除了课程里规定的园艺、手工、农事课外，还利用课外活动时间进行劳动教育。从表 6-7 看，课外活动是师生共同参与的，主要安排在早晨到校后、上午上课前、中午休息时、下午课后和晚上。早晨到校后进行卫生扫除和整理课品，上午上课前和下午课后进行新农村服务，中午休息时是各种竞赛和新农村服务，下午课后放学前整理各类校具用品，晚上是自修和批阅课本。新农村服务是课外活动的最重要的内容，劳动教育见缝插针，利用课余时间进行。

表 6-7　燕子矶小学课外活动程序表

	早晨	课前	中午	下午课后	下午课后	晚上
	7:00—7:30	8:45—9:00	1:00—2:00	4:25—5:00	5:00—5:30	8:30—10:00
星期一	扫除 整理课品	新农村 服务	新农村服务 各种竞赛	纪念周	整理各类 校具用品	自修 批阅课本
星期二	扫除 整理课品	新农村 服务	新农村服务 各种竞赛	新农村 服务	整理各类 校具用品	自修 批阅课本
星期三	扫除 整理课品	新农村 服务	新农村服务 各种竞赛	新农村 服务	整理各类 校具用品	自修 批阅课本
星期四	扫除 整理课品	新农村 服务	新农村服务 各种竞赛	新农村 服务	整理各类 校具用品	自修 批阅课本
星期五	扫除 整理课品	新农村 服务	新农村服务 各种竞赛	新农村 服务	整理各类 校具用品	自修 批阅课本
星期六	扫除 整理课品	新农村 服务	新农村服务 各种竞赛	新农村 服务	整理各类 校具用品	自修 批阅课本
星期日	扫除 整理课品	新农村 服务	整理各项 校具用品	集会		自修 批阅课本

注：此表为师生共同参加的课外活动程序表。

资料来源：江宁县第一区北固乡燕子矶小学校课外活动程序表，第四期 28 页.

从表 6-8 的尧化门小学课外事务程序表看，尧化门小学课外事务也主要安排在早晨到校后、上午上课前、中午休息时、下午课后和晚上。早晨到校后打扫卫生、擦洗桌椅和修剪冬青，上午上课前用 5 分钟的时间检查学生仪容和衣履，中午休息时拿出半个小时的时间检查桌子的抽屉、整理作业簿子、收拾厨房、整理接待室和小商店，下午从 4:25 到 4:45 进行菜圃工作和浇灌花木，下午 5:00 到 5:30 整理书报、检查商店账目、整理娱乐部、做童子军操、洗杯子、清扫竹园、修剪冬青、检查方字，晚上主要是整理课本、批改课本和整理表簿。从这个课外事务表看，尧化门小学的劳动教育利用课余时间进行，而且非常注重校园的清洁和美化，注重培养学生讲卫生、有条理的生活习惯，注重学生的仪表，意欲把儿童培养成为讲卫生、爱清洁、做事有条理、注重仪表形象、有艺术品位的新农民。

从尧化门小学和燕子矶小学的课外活动表来看，两校都注重利用课余时间进行劳动教育，都非常注重环境的清洁和卫生，都非常注重培养新农村的未来新农民。

表 6-8　尧化门小学课外事务程序表

	早晨	课前	中午	下午	下午	晚上
	6:00—7:30	8:55—9:00	1:00—1:30	4:25—4:45	5:00—5:30	8:00—9:00
星期一	扫除 洗抹桌椅	检查衣履	检查桌子 抽屉	菜圃工作	整理书报 检查小商 店账目	批改课本或 整理课本
星期二	扫除 修剪树木	检查仪容	整理簿子	浇灌花木	整理娱乐部 童子军操	批改课本 印书簿面
星期三	扫除 除杂草	检查衣履	整理厨房	菜圃工作	洗杯盏 清扫竹园	批改课本
星期四	扫除 洗抹桌椅	检查仪容	检查桌子 抽屉	浇灌花木	清理杂草	整理表簿 批改课本
星期五	扫除	检查衣履	整理 接待室	菜圃工作	修剪冬青	印书簿面 批改课本
星期六	扫除 修剪冬青	检查仪容	整理 小商店	浇灌花木	检查方字 修剪冬青	整理表簿 批改课本
星期日	扫除 修剪冬青	清洁 训话	大扫除 教室洒水	童子军操		

注：此表包括师生共同的课外活动。

资料来源：江恒源. 江宁尧化门小学校视察笔记[N]. 江苏教育公报，1926(7):47.

2. 注重劳动教育的层次性。针对不同学段的学生，晓庄学校中心小学提供不同的劳动教育内容，比如农事，低年级以观察和实验为主，高年级则进行种植之类的体力劳动。主要是根据不同学段儿童的身体状况，提供适合儿童身心需要的劳动教育。

3. 重视劳动教育。通过劳动教育在课程中的占比，我们可以得悉其对劳动教育的重视程度。小学阶段毕竟是基础教育，学校要承担它必须要完成的文化传授的任务，文化课程的学习占相当大的比重。在晓庄中心小学的课程体系中，各科的分数是不同的，"一周各科分数分配：国语 360，算术 180，常识 420，园艺 240，工艺 90，形艺 90，音乐 120，体育 120，共 1620 分"[①]，劳动教育（园艺和工艺）的分数合计 330，占课程总分数的比重为 20.4%，尽管没有国语和常识的分数高，但也超过了主课算术课的分数，是第三高的，可见劳动教育在晓庄中心小学有着重要的地位，是受重视的。

燕子矶小学的课程以国语、算术、常识、体育为主要科目。四、五年级酌情增加农业、商业和艺术。课程谋求"适合乡村环境，生活方面，注重园艺、农作、服务。教课方面，注重学习珠算，并练习书写田土房屋买卖典借的契据及账目书信等"[②]。

4. 注重劳动教育的育人价值。尽管陶行知的教育目的是乡村社会的改造，但他也非常注重通过劳动教育育人，比如通过校园清洁和个人卫生的检查等，培养儿童爱整洁、讲卫生的好习惯，通过儿童美化教室和校园的劳动，培养儿童的艺术趣味，通过改造乡村社会的劳动，培养儿童的公共精神和奉献精神，通过生活化的劳动教育把乡村儿童培养成衣帽端正、举止得体、志趣高雅的新农民，民国的新国民，民主社会的新公民，"看看此地，好一般玲珑小友；想想将来，都可为健全公民"[③] 。

劳动教育中的家庭劳动，可让儿童承担作为家庭成员的责任和义务，学校劳动让儿童学会自理、自治，社会劳动培养儿童的社会责任感。总之，三位一体的劳动教育让儿童自立立人。

5. 因地制宜地开展劳动教育。八所中心小学的劳动教育有许多共同之处，

① 周德定. 晓庄中心小学[J]. 湖南教育，1929(12)：8.
② 丁超. 燕子矶小学[M]. 北京：商务印书馆，1930：111.
③ 周德定. 晓庄中心小学(续)[J]. 湖南教育，1929(13)：1-7.

也有许多不同，都是因地制宜进行劳动教育，不搞机械的一刀切。燕子矶小学背靠燕子矶，有荒山荒地，所以就开展植树造林和垦荒的劳动教育，没有此便利的其他学校就不开展这项劳动；尧化门小学有枸杞做的篱笆墙，其他学校没有东施效颦，硬去种植枸杞做篱笆；燕子矶小学地处燕子矶镇上，所以开展上街打扫卫生的社会劳动，地处乡村的晓庄小学就不会开展此项活动。不盲目跟风，如何根据自身条件进行适宜的劳动教育，对于劳动教育的开展也是非常重要的。

6. 与时俱进地开展劳动教育。中心小学劳动教育的开展，呼应时代的要求。在当时农业经济落后的情况下，他们开展优良品种试验的劳动，一是学校种植试验田，二是让儿童在家庭田地里实验种植，借以推广优良品种。

开展建设公园的劳动教育，设立公园阅读处，和当时的禁赌禁毒的社会改造相呼应，以提供正当的娱乐场所，引导乡民进行有益身心的娱乐。上街打扫卫生，提倡公共卫生，和当时如火如荼的新生活运动互为响应。

7. 以融合思维开展劳动教育。对于劳动教育的价值，不能单就劳动教育看劳动教育，要用“五育融合”的思维看劳动教育的意义和价值。练就农民的身手，指劳动教育促进儿童身体的发育，劳动可以锻炼出儿童强健的农民般的身手；劳动教育的流血流汗，无疑可以培养儿童吃苦耐劳的精神；改造社会，无疑可以培养儿童无私奉献的公共精神；通力合作开展劳动，无疑也对儿童团结合作品德的培养大有助益，劳动立德是劳动教育的应有之义。“劳力上劳心”，劳动教育有利于儿童智力的发展。美是劳动的动力和追求，劳动对美的追求，对于儿童的审美情趣的培养非常有利。强健的体魄，农民的身手，艺术的兴趣，改造社会的精神，陶行知是从五育融合的角度来看待劳动教育和人才培养的。

（五）晓庄学校中心小学劳动教育评析

晓庄学校中心小学的劳动教育有许多可取之处。劳动教育课程化保证了劳动教育保质保量的实施。劳动教育层次化，指针对不同年龄段的儿童提供不同的劳动教育，注意儿童身心发展的阶段性和劳动教育的层次性相适应，即提供适合儿童身心发展需要的劳动教育，劳动教育具有“适切性”的特征。课内劳动和课外劳动有机结合，学校劳动、家庭劳动和社会劳动一起联动，儿童随时随地进行劳动，而且以五育融合方式展开劳动教育，发挥劳动的综合育人功能。

尽管晓庄中心小学的劳动教育有诸多可圈可点之处，但有一些做法值得商榷和进一步思考。

首先，乡村儿童是否需要劳动教育？从家庭劳动教育的内容和实际状况看，乡村儿童已在家庭里参与了相当多的劳动，从带看弟妹到放牧牛羊，再到田间的耕种，如此多的劳动，对于儿童的责任感、吃苦耐劳等精神的培养还不够吗？还需要学校再开设劳动教育课程进行专门的教育吗？

其次，劳动教育应占课程的多少比重合适？我们通过上面的叙述得知，劳动教育的时间，不算课外活动，课程表上就占到 20％多，占用这么多的时间进行劳动教育是不是过多？是不是挤占了儿童文化课程的学习？多少劳动教育时间是合适的？这些都是值得深入研究的问题。

再次，儿童是否应该参与改造乡村社会？从上文的内容可以看到，晓庄学校中心小学的规模都不大，多的一两百人，少的只有一二十个人，乡村改造的重任放在这些儿童和教师身上，他们是否有些不堪重负，或者说难以胜任？再者，儿童正在求知期，把乡村改造的任务加在他们身上是否合适？本来正常的逻辑是成人为儿童的受教育和发展提供物质和精神的保障和支持，而当时却倒过来让儿童改造成人的社会，这是否有违人道主义精神？

又次，培养新农民的教育目标是否完全合宜？陶行知说乡村教育的目的有两个，一是培养新农民，二是改造老农民，通过劳动教育练就儿童农民的身手，把儿童培养为未来的新农民。教育不仅具有培养人的功能，还承担着社会流动的社会功能，农民子女可以借助教育阶梯升到优势阶层。这应该是许多家长关注的教育带来的直接利益。教育家关注的社会目的和家长追求的个人利益是否一致？曹诗弟通过对山东邹平的研究发现，两者是不一致的。如果读书多年后还是回到乡村做农民，农民让子女读书的积极性是不是会受挫？儿童本身的积极性又有多大？教育能够超越或者消解教育推动社会流动的社会功能吗？如不能，那就是教育家的美好理想忽视了教育的社会流动功能，教育家让农民子弟离开农村往城里跑也无济于事。

最后，乡村儿童需要怎样的教育？紧接着上一个问题，农村教育的目标应是什么？如何兼顾到教育的社会阶层流动功能和乡村教育为乡村改造和建设服务？所谓教育的社会阶层流动功能，对于乡村儿童而言，就是少部分乡村儿童通过教育阶梯进入社会精英阶层，实现在社会阶层中的上升流动；所谓乡村教育为乡村改造和建设服务，就是教育把大部分乡村儿童培养成现代的新农民。对于前者，教育要通过应试教育把乡村儿童送入更高的社会阶层，那么提供的课程应是知识性的学习为主，对于后者，教育要把乡村儿童留在乡村，而且把乡村儿童培养成有文化、懂技术、会建设的乡村新农民，那么课程应是以农业生产和农村建设为主要内容的课程。前者的课程是把乡村儿童送进城市的，后者的课程是把乡村儿童留在乡村的，如何提供适合两者需求的课程，化解两者的矛盾，是一个难题，是一个一直在争论，也一直没有解决好的难题。

第七章　陶行知劳动教育思想和实践的镜鉴

一、重视教育在社会变革中的作用

陶行知先生认为教育是社会变革的重要力量，教育改造社会，因此，他认为要想改造中国，首先改造教育，改造人口占最大多数的乡村的教育，他要召集一百万个同志，改造一百万个乡村，通过教育实现教育救国。陶行知先生的教育变革社会的思想，在百年后再次得到了呼应，2017 年联合国教科文组织总干事伊琳娜·博科娃说："再也没有比教育更为强大的变革力量。教育将促进人权和尊严，消除贫穷，强化可持续性，为所有人建设更美好的未来。教育立足于权利平等和社会正义、尊重文化多样性、促进国际团结和分担责任，所有这些都是人性的基本共同点。"[①]因此，我们要看到教育在建设人类美好未来中的重要作用，发挥教育变革社会的力量，通过发展教育，促进人类社会的发展，使人类变得更加幸福。

二、教育要适时而变

陶行知被称为中国的进步主义教育家，他的教育思想和实践最突出的特点就是对传统的反叛和探获教育新路的创造精神，"晓庄学校，是一个革命的师范。

① 联合国教科文组织．反思教育：向"全球共同利益"的理念转变？[M]．联合国教科文组织总部中文科，译．北京：教育科学出版社，2017：序言 2．

他们见着过去以至目前的一般旧式学校，只是死读书本，一无实效，真的失望极了。失望之余，他们便树反叛之旗，另找路径。二年的成绩，非常可观，诚可为我国教育前途，开一生路！"①

中国古代传统教育最大的缺点就是固守成规，不管社会如何变迁，教育一直不变，一直以四书五经的儒家经典作为教学内容，以死记硬背作为主要的教学方法，以"学而优则仕"作为教育的目的，尽管余英时先生认为科举制度使人才的选拔有了知识的标准，让所有的学子有了公平竞争的机会，促进了社会流动，但教育只顾及为统治者选拔人才的政治目标，忽视了教育的经济功能等，教育的僵化，使教育不仅不能起到促进社会发展的作用，反而成了社会发展的障碍。及至清末，面对国家岌岌可危的局面才被迫改革，废科举兴学堂。历史的教训告诉我们教育要适时而变。

陶行知面对传统死教育对于国家民族的戕害，因时而变，把死教育变为活教育，在教学内容上，把长期摒弃在学校门外的劳动教育引入课堂，在教学方法上，变"听中学"为"做中学"，提倡教学做合一，把死教育变成了活教育，"晓庄学校是陶校长实现他理想的活的乡村教育的地方"②。陶行知的教育变革，把中国教育带入了一个新时代，促进了中国教育由传统向现代的转型，因此到晓庄学校参观的美国教育家克伯屈先生大加称赞："如大家肯努力，恐一百年以后，大家要回过头来，纪念晓庄！欣赏晓庄！这就是教育革命的策源地。"③晓庄学校是教育革命的策源地，这正是晓庄学校的历史意义之所在，尽管它存在的时间只有短短的三年，但一直被世人提起，一直被纪念，就在于它在中国教育史上的里程碑意义。

教育要呼应时代的需求进行变革，正如联合国教科文组织所言："世界在变，教育也必须做出改变。社会无处不在经历着深刻的变革，而这种变革呼唤着新的教育形式，培养今日和明日社会、经济所需要的能力。"④

---

① 江问渔. 晓庄的根本理论及现有事业[M]//李定开. 为中国教育寻觅曙光(上). 成都：四川教育出版社，1989：380.

② 易铁夫. 我所认识的晓庄之理论与实际[M]//李定开. 为中国教育寻觅曙光(上). 成都：四川教育出版社，1989：403.

③ 克伯屈. 我对于晓庄之感想[M]//李定开. 为中国教育寻觅曙光(上). 成都：四川教育出版社，1989：410.

④ 联合国教科文组织. 反思教育：向"全球共同利益"的理念转变？[M]. 联合国教科文组织总部中文科，译. 北京：教育科学出版社，2017：序言 1.

现在社会的发展和变化更是日新月异，人类社会已经步入知识经济时代、数字化时代、人工智能的时代，数字技术已深刻改变了人类的行为和生活方式，通过互联网把人类社会变成一个高度联系、高度统一的全球社会。同时，数字技术也催生了虚拟世界的产生，在现实世界之外，还有一个虚拟的世界，在虚拟世界，可以交友、交易等，新的通信和社交空间正在改变关于“社会”的概念。在这个新的网络世界里，教育工作者需要帮助新一代“数字国民”做好更加充分的准备，应对现有数字技术，乃至今后更新技术的伦理和社会问题①。

世界正快速地城市化，人类将首次有半数以上的人口生活在城市地区。到2050年，世界人口的三分之二(超过60亿人)将生活在城市地区②。和世界快速城市化的趋势一样，中国也正在快速进入城市化社会，现在的中国教育不仅要把乡村教育搞好，更重要的是如何应对城市化的问题，适应城市化的社会趋势。

贫富差距加大，两极分化成为世界性的问题，“将近一半的财富归最富有的1%人口所有，另一半归其余的99%人口。收入差距如此迅速扩大，正在导致社会排斥，破坏社会融合。在所有社会当中，极端不平等都是造成社会矛盾的根源，是引发政治动荡和暴力冲突的潜在催化剂”③。

“维护和增强个人在其他人和自然面前的尊严、能力和福祉，应是21世纪教育的根本宗旨”④，在新时代，我们要把教育从经济功能、政治功能、社会功能转向人本身，寻求人本身的价值和幸福，把人作为教育的终极目标。

社交媒体、移动设备、慕课等新的学习空间，使传统的制度化的学校教育受到挑战，正规教育和非正规教育都成为人接受教育的途径，教育的共享机制的建立，将淡化学校的符号和身份赋予效应，个人的努力和信心对人的发展将变得更加重要。在这样的时代，认知知识不再重要，情感、价值对人的幸福存在变得更有价值和意义，因此，非认知知识的学习成为重要的教育内容。移动技术的发

---

① 联合国教科文组织.反思教育：向“全球共同利益”的理念转变？[M].联合国教科文组织总部中文科，译.北京：教育科学出版社，2017：18.

② 联合国教科文组织.反思教育：向“全球共同利益”的理念转变？[M].联合国教科文组织总部中文科，译.北京：教育科学出版社，2017：13.

③ 联合国教科文组织.反思教育：向“全球共同利益”的理念转变？[M].联合国教科文组织总部中文科，译.北京：教育科学出版社，2017：15.

④ 联合国教科文组织.反思教育：向“全球共同利益”的理念转变？[M].联合国教科文组织总部中文科，译.北京：教育科学出版社，2017：30.

展，以教室中的物理空间作为主要学习场所将成为历史，打开移动设备，可以随时随地学习，学习突破了教学物理空间的限制。在知识和信息爆炸式增长的时代，是一个终身学习的时代，世界日新月异，学校获取的东西可能很快就会被淘汰，学会学习是最为重要的，“学会如何学习从来没有像今天这么重要”[①]。

三、从全球的视域看待教育

1927年，陶行知在《晓庄学校之使命——给全校同志》一文中说：“深望诸同志努力合作，训练真农民使生产力与武力合而为一。我们第一步要谋中国三万万四千万农民之解放，第二步要助东亚各国农民之解放，第三步要助全世界农民之解放。这个学校不但要做中国教育革命之出发点，并且要做世界教育革命之中心。”[②]陶行知认为晓庄学校的使命不仅要解放中国农民，而且要解放东亚乃至世界农民，这样，他把晓庄学校建立的意义扩大到了全世界。事实上，教育的意义不仅关系到受教育者本人和家庭的利益，而是关系到社会的甚至世界的利益，因为知识是无国界的，正如爱迪生发明电灯，让整个人类告别黑夜一样。反之，一国国民的愚昧，可能是整个人类的灾难，因此，教育是人类最根本的共同利益。“教育是可持续发展目标全球综合框架的关键。教育是我们努力适应变化、改造我们生活其中的世界的核心。”[③]

四、开展适合时代需要的劳动教育

陶行知先生办理教育，指向的是社会，目的是改造社会。因此，晓庄学校的劳动教育主要追求的是社会价值和意义，致力于乡村改造。师生上街打扫卫生，目的是改变乡民的卫生习惯；师生建造乡村公园，目的是改变乡民的娱乐方式，让乡民从乌烟瘴气的茶馆走向美丽的公园，在公园的阅书处读书，在美丽的公园

① 联合国教科文组织. 反思教育：向“全球共同利益”的理念转变？[M]. 联合国教科文组织总部中文科，译. 北京：教育科学出版社，2017：33.

② 陶行知. 陶行知全集（第8卷）[M]. 成都：四川教育出版社，2005：127.

③ 联合国教科文组织. 反思教育 向“全球共同利益”的理念转变？[M]. 联合国教科文组织总部中文科，译. 北京：教育科学出版社，2017：序言2.

里陶冶出艺术的兴趣;师生举办中心茶园,通过说书、讲时事等让乡民远离鸦片和赌博,提倡正当的娱乐,关心时政,培养国民素养;农事劳动,主要是推广优良品种,发展农村经济,使乡民由贫变富。可见,陶行知先生开展的劳动教育呼应了教育救国的时代要求。

在新时代,进行什么劳动教育,如何进行劳动教育,需要我们做出回答。目前中国已全面建成小康社会,中国由制造业大国走向科技创新强国,创新是新时期发展的要求,因此,劳动教育要着力于培养儿童的创新创造能力,劳动教育内容要从简单的体力劳动走向智能劳动,让儿童多动手动脑,增加劳动的科技含量。比如,种植,新时代的劳动教育应让儿童进行无土栽培的高科技种植,一方面体验到劳动的艰辛,另一方面更体会到高科技的魅力。

再者,从劳动教育出发点上,新时代的劳动教育应回归人本身,回归儿童,依据儿童发展的需要开展劳动教育,不能基于成人社会的需要进行劳动教育,解除儿童不该承受的成人世界的责任和义务。儿童处于生命的奠基期,以身心和谐健康的发展为主要目的,劳动教育重在培养儿童的品格。

五、以"五育融合"观指导劳动教育[①]

陶行知先生的劳动观是"五育融合"的劳动观,他不是简单就劳动谈劳动,而是看到劳动教育对德智体美的价值和意义,同时也看到德智体美对劳动教育的支撑作用,劳动教育要和其他四育融合、互育。

因此,新时代我们要基于"五育融合"的思想开展劳动教育。在信息化和人工智能时代,劳动内涵无限丰富与扩展,我们对劳动内涵的认识也应与时俱进,不能停留在单一简单化的第一和第二产业的范畴上。质言之,广义上的新劳动,是指个体独立或团队合作,通过简单或复杂的体力、脑力、情感等付出,获得满足自身或组织生存和发展所必需的物质财富和精神财富的活动。新劳动的类型也日益多元,它不仅包括第一、二产业的生产性劳动,还包括第三、四产业新兴的服务型、高技术型、审美型、创造型劳动。借此,新劳动的目的也不仅要满足生存的财富自由的工具性需要,还要注重和满足普通劳动者的情感、尊重和审美的本体

① 本部分内容详见宁本涛.以"五育融合"执"新劳动教育"之事[N].中国社会科学网.2020-4-20.

性需要。

基于后建构主义的具身认知理论认为,具身学习不同于以抽象思维和推理验证为特征的离身学习,而是基于身体,具有实践性、活动性等特征,它将"身体(情感体验、情绪、意志、兴趣、实操等)"置于认知实践的中心地位,强调认知是通过身心合一的体验及其活动方式形成的,尤其重视体验是一种在亲身经历和实践过程中获得的独特感受。故而,"新劳动教育"也不仅仅是一种"关于劳动"知识的教育活动,而是涵盖"关于劳动"、"为了劳动"和"在劳动中"的知识、技能、态度、习惯和价值观整合性的素养教育活动。也就是说,指向素养养成的新劳动教育必须高度关注新劳动教育过程中教师和学生劳动教育的"非对象性",以及学校劳动教育推进过程的基础性、开放性和学生的主体性问题。

因此,新时代劳动教育的课程设计需要通过劳动教育平衡大中小学各学段学生构建人与自我、人与自然、人与社会三种关系属性。在劳动教育内容选择上,不同的学段不仅应关注学生体力劳动与物质生产劳动体验,还应关注探索性创新劳动、艺术审美性劳动、社会公益性劳动、生活自理性劳动等方面内容。在劳动教育教学目标上,既要关注劳动知识与技能的目标达成,更要强调劳动促进人的全面发展的内在目的,关注对个人潜力的外化作用,关注个体如何通过丰富的"以劳树德、以劳增智、以劳强体、以劳育美、以劳创新"活动成为一个热爱生活、眼里有光、心中有爱、手里有活的阳光青少年。

"以劳带全"的新劳动教育最能体现多元融合的育人价值,通过融合实践去实现对大中小学各学段学生劳动教育素养养成。后疫情时代,教育的诸多变革势在必行,未来已来,为早日形成家庭、学校、社会和政府四位一体教育命运共同体,多元协同的新劳动教育实践体系,教育界人要真诚联合社会各界关心关注教育的人士,齐心协力,尽心尽责,着力做到新劳动教育的"四个下功夫"。

首先,在促使学生于实践中真实劳动,并获得丰富的劳动体验上下功夫。"劳动长在手上,聪明长在眼上,健康长在腿上,善良长在心上。"在新劳动教育的实验中,要实现劳动教育与德育、智育、体育、美育相融合,最终促进学生脑、体、心、神、魂五位一体,相互平衡,就必须让各学段学生在实践中真实劳动,以获得丰富的劳动体验,发现劳动中的美和快乐。据此,建议开辟校内劳动场所,学校可结合劳动课程建立设备完善的劳动场地,如木工车间、缝纫室、家政室、金工车间等,有条件的学校还可以建立农场,探索城乡结合,劳动教育与劳动实践的结合;通过生涯教育实施劳动教育,生涯教育具有面向职业生活和劳动世界的特点,可通过社会实践与职业体验等途径,培养学生的劳动观念,进一步了解职业,为将来的职业选择和定向做好准备。目前,社会资源的开发不仅仅需要学校去努力,更需要整个社会形成共识,目前家庭劳动和学校实践性劳动开展深度不够,社会实践劳动开放性和创新性有待融合。

其次,在新劳动教育课程与教学整合上下功夫。第一,要保证新劳动教育的课时和课程内容,并且要与其他课程有机融合,离开课程谈劳动教育是不可能实现的。第二,在课程建设方面,协同好劳动教育必修与选修、校内与校外、课内与课外、正式与非正式、直接与间接的关系。第三,要关注乡村或中心城区各种不同生活背景下学生的劳动差异,同时兼顾不同学段的日常生活劳动、服务性劳动、生产劳动的劳动比例。

再次,在把握好新劳动教育实施途径和评价手段上下功夫。比如小学阶段的劳动教育素养培养,重点不在于掌握娴熟的劳动技能,而在于体验劳动过程;中学阶段的劳动教育要与课程学习以及未来职业生涯规划有机结合起来;大学阶段要凸显劳动教育与专业实践和就业力提升紧密结合起来,把握好落实新劳动教育的督导评价的问题。质言之,在升学、就业过程中要使用好劳动素养评价,反对劳动教育进行过多的类似语、数、外等课程学习成效的终结性评价,要有发展性、过程性和展示性的劳动教育新评价。

最后,在重建各学段学生精准劳动教育指导上下功夫。第一,不能忽视学生劳动教育的性别差异和劳动健康及安全问题。第二,要高度关注学生劳动教育的主体性问题,尊重学生的自主性,激发学生的内驱力,不仅重视教师、家长等成人的引导作用,也要重视学生之间的相互指导及自我指导,让学生在劳动教育过程中有自我价值选择、自我生长发展的动力。第三,要处理好劳动教育目的和手段的关系。任何劳动教育学习指导,不能过于强调其目的性或工具性,目标和手段应该紧密结合,以防学生在劳动教育中被工具化,遮蔽学生内心的真实需求。

总之,体力是脑力的支架,劳动长智慧,智慧源于实践,实践出真知。劳动教育的价值及意蕴深远,在"五育融合"视野下,大力加强新时代劳动教育的实践探索,就是通过新劳动教育制度体系的重构带动教育生态的良性发展,回归教育培养真实自由全面发展的社会主义建设者和接班人这个根本原点,努力克服"现代人"在全球化、现代化进程中所呈现的懒、贪、傲、私等人性弱点,唤醒当代中国人勤劳、奉献、责任、公平、正义等优良品质。

六、劳动教育课程化、日常化

晓庄学校的劳动教育是进入课程的,不仅课程表规定了每天的劳动时间和内容,而且课外活动表也规定了课外劳动教育的时间和内容,劳动教育课程化、日常化,有关内容详见前文。课程化,是保证劳动教育实施的有力措施,日常化才能确保形成劳动习惯。

2020 年 3 月 20 日,中共中央、国务院颁布《关于全面加强新时代大中小学劳动教育的意见》,明确指出"劳动教育是中国特色社会主义教育制度的重要内容,直接决定社会主义建设者和接班人的劳动精神面貌、劳动价值取向和劳动技能水平"。实施劳动教育已经进入国家政策层面,接下来就是要落实劳动教育政策。关于如何落实劳动教育政策,使之不流于形式,确有实效,是值得进一步深入探讨的问题。

陶行知先生在民国时期实施的劳动教育给我们提供了可资借鉴的方法。从晓庄学校中心小学实施状况看,劳动教育要走进课程,课程化,让劳动教育和数理化等学科在学校教育中有同等的地位。劳动教育不仅要进入学校场域,而且要和数理化等学科课程一样受到同等对待,不能把它作为可有可无的副科。

在劳动场域上,劳动教育不要狭隘地理解为在学校进行的劳动活动,要发挥家庭、学校、社会的联动协同机制,把家庭劳动、社会劳动纳入劳动教育课程。同时,加强对劳动教育的评价,没有评价,在现实状况下,劳动教育要么流于形式,要么是为了应付检查的作秀,有了劳动教育评价,就可以倒逼开展劳动教育了。

七、劳动教育的层次性和一体化

陶行知先生作为教育家办学,他在实施劳动教育时注意到了不同学段、不同年龄的劳动教育内容和方式,体现了劳动教育的层次性。

中共中央、国务院《关于全面加强新时代大中小学劳动教育的意见》规定:"小学低年级要注重围绕劳动意识的启蒙,让学生学习日常生活自理,感知劳动乐趣，知道人人都要劳动。小学中高年级要注重围绕卫生、劳动习惯养成，让学生做好个人清洁卫生，主动分担家务，适当参加校内外公益劳动，学会与他人合作劳动，体会到劳动光荣。初中要注重围绕增加劳动知识、技能，加强家政学习，开展社区服务，适当参加生产劳动，使学生初步养成认真负责、吃苦耐劳的品质和职业意识。普通高中要注重围绕丰富职业体验，开展服务性劳动、参加生产劳动，使学生熟练掌握一定劳动技能，理解劳动创造价值，具有劳动自立意识和主动服务他人、服务社会的情怀。中等职业学校重点是结合专业人才培养，增强学生职业荣誉感，提高职业技能水平，培育学生精益求精的工匠精神和爱岗敬业的劳动态度。高等学校要注重围绕创新创业，结合学科和专业积极开展实习实训、专业服务、社会实践、勤工助学等，重视新知识、新技术、新工艺、新方法应用，创造性地解决实际问题，使学生增强诚实劳动意识，积累职业经验，提升就业创业能力，树立正确择业观，具有到艰苦地区和行业工作的奋斗精神，懂得空谈误国、实干兴邦的深刻道理；注重培育公共服务意识，使学生具有面对重大疫情、灾害等危机主动作为的奉献精神。"从这段的表述看，各个不同学段有不同的劳动要求。小学低年级：启蒙；小学中高年级：卫生、劳动习惯养成；初中：劳动知识、技能，高中：丰富职业体验；中职：职业荣誉感，职业技能；高等教育：创新创业。考虑到了劳动教育的层次性，然而，如何在教育实践中真正落地却是个问题，因为这只是一个笼统的表达，具有指导性意义。

如果使劳动教育科学实施，必须使劳动教育符合不同年龄段学生的身心特点。小学阶段的儿童思辨思维较弱，模仿性思维较强，劳动教育围绕着"知事""懂事"展开；中学阶段，学生的独立性和自我意识凸显，开始独立判断是非曲直，这一阶段的劳动教育从"事"到"理"转换，重在教育学生"明理""晓义"，树立正确的劳动观念；大学阶段是青年价值观形成的关键时期，这一阶段的劳动教育应把"理"升华为"道"，强调学生"信道""行道"，践行马克思主义劳动价值观①。

从小学到中学到大学，按照"事"—"理"—"道"的顺序依次开展，同时，在劳动教育实施上，下一个阶段向上一个阶段适当回顾，上一个阶段向下一个阶段适当延伸，做好不同学段劳动教育的无缝衔接，以使不同学段的劳动教育成为一个有机的整体。

① 李成．新时代大中小学劳动教育内容一体化的实践要求[J]．思想理论教育，2020(7)．

八、加强劳动教育师资培训,使劳动成为教育

当前实施劳动教育已形成共识,除了实施什么、如何实施的问题外,最大的问题是没有劳动教育师资,现在师范院校均没有劳动教育专业。中共中央、国务院《关于全面加强新时代大中小学劳动教育的意见》指出:“采取多种措施,建立专兼职相结合的劳动教育师资队伍。根据学校劳动教育需要,为学校配备必要的专任教师。高等学校要加强劳动教育师资培养,有条件的师范院校开设劳动教育相关专业。设立劳模工作室、技能大师工作室、荣誉教师岗位等,聘请相关行业专业人士担任劳动实践指导教师。把劳动教育纳入教师培训内容,开展全员培训,强化每位教师的劳动意识、劳动观念,提升实施劳动教育的自觉性,对承担劳动教育课程的教师进行专项培训,提高劳动教育专业化水平。”现在的问题是劳动教育马上进入课程,而劳动教育师资培养有一定的时间周期,专科师资需要 2 年,本科师资需要 4 年,目前最为切实可行的办法是劳动教育师资的短期培训。然而,培训师资的师资也是缺乏的,因为劳动教育多年没有搞,劳动教育学什么,怎么学,都是摸索中的问题。

有了优良的师资,才能保证劳动教育真正有效实施,否则,容易变成劳动知识课,或者变成体力劳动课,有劳动无教育。怎样使劳动成为一种教育手段,使劳动成为一种教育内容,使劳动成为真正的教育,是一个值得研究而且必须解决的问题。

九、劳动教育重在“教育”

陶行知先生说“在劳力上劳心”,劳动教育,是在劳力的同时劳心,手脑并用。作为教育的劳动,和工厂、农村的劳动有质的不同。两者的不同,前文已有论述,在此不再赘述。

作为教育手段和教育内容的劳动,要处理好劳动和教育的关系,掌握好度。在学校活动中,如果过于强调劳动,忽略了教育,就会犯把手段变成目的的错误,使劳动丧失教育性,导致劳动教育本身的失落和消解。

如果学校领导和教师缺乏对劳动价值的认同,把劳动教育作为作秀的手段,

应付上级的检查,劳动不仅起不到教育的作用,反而败坏了道德。如果学生缺乏对劳动教育价值的认同,被迫参加劳动,劳动就沦为了苦力,也起不到教育的作用。因此,要实施劳动教育,首先要解决思想认识问题,要认识到劳动对人的思想、品德和价值观等有影响,有利于良好品格的养成,优秀道德的建构,正确价值观的形成。

在劳动教育实施中,关注劳动教育的过程,重视劳动教育参与者的体验,有了真心实意的体验,才能体会到劳动之艰辛、劳动之快乐、劳动之光荣、劳动之智慧、劳动之美好。体会到劳动艰辛,才能同情劳动者;体会到劳动快乐和光荣,才能真正热爱劳动;体会到劳动智慧,才能尊敬劳动者;体会到劳动美好,才能向往劳动。劳动教育的增智、立德、育美、健体功能的实现,是在劳动的参与过程中通过亲身体会产生的,是自悟自得的,不是外加的。所谓"在劳力上劳心",是在劳力的同时把"心"放进去思想、体会、感悟。陶行知先生的这句话道出了劳动教育的真谛。劳动者只有把"心"放进去才能产生"育",才是真正的劳动教育。

十、劳动教育重在培养学生的创造力

在应试教育盛行、标准化考试的今天,更彰显了劳动教育对于学生创造力培养的重要性和必要性。应试教育,就是对着考点来学习,考什么学什么,学习的动机是外在于学生的,是功利性的,不是出自学生的兴趣和爱好,这是一种机械的应付式学习。这种完全出自外力驱动的学习导致的恶果是爱学习,但不爱知识,缺乏对知识的兴趣和好奇。

标准化考试,又严重地框定了学生的思维,连语文这样的人文学科都有标准答案,为了得高分,学生都要顺应标准答案的思维,实质上,这是在用分数做诱导来限制学生的思维,把学生的思想同质化,这种求同教育严重扼杀了学生的创造力。

劳动教育,是通过劳动活动实施教育,相对于学科教学的静的学习,劳动教育是动的学习,相对于学科教学的在"听"中学,劳动教育是在"做"中学。劳动、活动,学生可以有更多发挥的余地,学生的个性可以得到一定的释放,基于差异性思维的创造力可以得到培养。

数字经济时代,科技创新对于一个国家的发展非常重要,创造力的培养尤为重要,科技劳动,创造劳动,应是这个时代劳动教育的应有之意。

十一、开办适合乡村的教育，培养乡村人才，振兴中国乡村

陶行知致力于乡村教育，他认为民国时期的乡村教育走错了路，他要探索出适合乡村社会的教育，他的教育目的是培养乡村新农民——农夫的身手、科学的头脑、艺术的兴趣、改造社会的精神，他们要以科学的精神改造社会，以艺术的趣味建设社会，把破败的乡村改造为乡村乐园。陶行知的乡村教育思想给今天的乡村教育许多有益的启示，他的乡村教育思想值得我们好好研究和借鉴。

尽管民国时期陶行知等教育家为改善中国乡村教育极尽努力，但近百年后的今天，中国的乡村教育还是一个没有解决好的问题。在今天城镇化的背景下，乡村教育问题变得愈加复杂，乡村教育应该立足于乡村发展的需要乡村化？还是应该迎合城镇化的趋势城市化？还是一个被争论的问题。

（一）城镇化趋势下的农村教育

预计到 2025 年，中国城镇化率将达 65.5%，保守估计新增农村转移人口在 8000 万人以上，农业就业人员比重将下降到 20%左右[①]，也就是说有将近一个亿的农村人口将进城成为市民，事实上，现在许多农村存在着空心化的问题，老人和孩子留守在村子里，青壮年进城打工。就教育而言，少部分学习成绩好的农村青少年通过高考进入城市，成为城市白领；大部分农村青少年将来进入城市打工，成为新生代产业工人，也就是说，绝大部分的农村青年的工作去向是城市，不管是成为城市中的一员还是漂泊者（没有城市户籍的新产业工人），他们都要在城市混生活。因此，一些学者主张农村教育城市化，以便这些农村青年将来到城市工作时能够很好地融入城市社会。

现在实行的城乡一体化政策一方面有改善城乡教育资源不均衡的意义，另一方面也仍需重点关注农村的教育需求。城乡一体化，实质上是城乡都按照城市的需要和标准作为一个整体发展，质言之，就是乡村教育城市化。

站在农村发展的立场看城市化的农村教育，它产生了一些问题：

---

① 王宾，于法稳."十四五"时期中国农村发展高层论坛在京举办《中国农村发展报告 2020》发布[EB/OL]. 2020-08-19/http://www.cssn.cn/xnc/202008/t20200819_5171677.shtml.

1. 城市化的教学内容外在于乡村学生的经验，乡村学生既兴趣不足，也难以理解。基于城市化教学内容的测试，部分乡村学生的学业成绩不佳，部分乡村学生不适应城市化的教学。

2. 立足于城市生活的城市化教育和乡村生活关系不紧密。

3. 城市化教育传递的是都市文化，都市文化是城市主导的文化，一些乡村学生对乡村失去了热爱，对城市充满了崇敬和向往，让乡村学生迫切想走出乡村，奔向城市。

4. 城市化的教育，也是一种把乡村优秀青年选拔到城市的教育。通过高考制度，把农村学习较好的孩子选拔到城市，一方面易造成农村优秀人才的流失，另一方面也造成部分留在乡村就业的青年的自卑和一些人对农业工作的职业歧视。

再者，从升学率看，通过高考升入大学的农村青年约为 12%[①]，近 90%的农村青年是无法进入大学就读的，而这近九成的农村青年如果不接受农业生产技术和生活技能的培训，到了社会就无法适应。

对于这种城市化的乡村教育，有人惊呼：中国的教育正在失去乡村，乡村也正在失去教育[②]。因此，城乡融合发展战略下的城乡一体化教育要适应乡村振兴事业的需要，进行相应的变革。

（二）振兴乡村语境下的农村教育

《中国农村发展报告 2020》指出：乡村人才振兴是乡村振兴战略的关键。当前，我国乡村人才存在总量不足、结构不合理、整体素质偏低、流失严重等问题。[③] 而振兴乡村人才的关键是振兴乡村教育。如何振兴乡村教育成为乡村振兴最为重要的环节。

尽管中国社会发展的趋势是快速城镇化，但农村人口仍然有近 5 亿，这是一个庞大的人口群体，比整个美国的人口数还多。《中国农村教育发展报告 2019》显示，农村教育面广量大，依然是中国基础教育的大头，2017 年全国义务教育在

---

① 中国义务教育的主体是乡村学生，那里应该如何长出属于他们的教育？[EB/OL]. 2021-8-9/https://new.qq.com/omn/20210809/20210809A01P7T00.html.

② 中国义务教育的主体是乡村学生，那里应该如何长出属于他们的教育？[EB/OL]. 2021-8-9/https://new.qq.com/omn/20210809/20210809A01P7T00.htm.

③ 王宾，于法稳.“十四五”时期中国农村发展高层论坛在京举办《中国农村发展报告 2020》发布[EB/OL]. 2020-08-19/http://www.cssn.cn/xnc/202008/t20200819_5171677.shtml.

校生数达1.45亿人[①]，其中在乡镇接受义务教育的达9000万人，占全国接受义务教育总数的62%[②]。如此大规模的农村义务教育理应成为中国教育发展的重点，然而，目前中国农村教育最大的弊端在于农村教育的不适切性。农村教育忽视了农村和农村学生的特点和发展需要，在教育的主导思想上是站在城市的立场办农村的教育，欲转变农村教育发展动力不足的局面，农村教育的立足点要回归到农村。

1. 办理适合乡村的教育。乡村教育要立足于乡村，以乡村生活为乡村教育的内容，像当年的晓庄学校中心小学那样，教学内容和乡村生活相联系，让儿童有兴趣学，学得会。

同时，基于培养适合未来在乡村生活的乡村建设者的教育目标，要教授农业生活、生产等知识和技能，让乡村儿童受到切实有用的教育，成为手脑并用的现代农人。

2. 把振兴乡村的理念贯彻到办学实践中。儿童不仅是学习者，也是未来的乡村振兴者。扭转乡村教育为城市输送人才的思维和做法，乡村教育为乡村培养人才，把振兴乡村的理念内化为乡村儿童的思想，让他们立志为乡村振兴学习，如同当年陶行知和同志者所做的“改造一百万个乡村”那样，当代的乡村儿童也要立志振兴一百万个乡村。

振兴乡村包括振兴乡村的经济、文化和政治等，在数据化和智能化时代，农村经济也是高科技的种植经济，农村儿童除了学习文化知识外，要开设劳动教育课程，走进无土栽培等现代农场进行观察、劳动和体验；农村儿童通过学习乡村历史和乡土文化，弘扬乡村历史文化，传承乡土文化，增强乡村儿童对乡村文化的认同感和自豪感；乡村儿童通过公民教育等课程学习和实践活动，提高乡村儿童的现代公民素质，为未来乡村的现代治理打好基础。

3. 乡村教育的目标是培养现代农民。乡村教育转变培养走向城市的精英和到城市打工者的思维，乡村教育的目标是培养未来建设乡村和振兴乡村的现代农民。现代农民，既要有现代农业生产知识和技能，又要有艺术的趣味，还要

---

① 《中国农村教育发展报告2019》发布[EB/OL]. 2019-01-15/ http://www.jyb.cn/rmtzgjsb/201901/t20190115_212031.html.

② 中国义务教育的主体是乡村学生，那里应该如何长出属于他们的教育？[EB/OL]. 2021-8-9/https://new.qq.com/omn/20210809/20210809A01P7T00.html.

有振兴乡村的精神，像陶行知期望的那样用科学的精神改造乡村，用艺术的趣味建设乡村，完成美丽乡村、智慧乡村和善治乡村建设的使命。

十二、大力关注和提升乡村学生的劳动素养①

从五育融合生态系统的构建来看，当前劳动教育和美育是两块最需要弥补的短板，其中，修复劳动教育尤其是农村劳动教育的问题显得尤为紧迫。

当下，我国农村中小学生的劳动素养水平和劳动教育现状不容乐观。从笔者对多位农村校长的访谈来看，农村校长普遍反映，尽管深知贯彻劳动教育的方针政策以及实施劳动教育的重要性，但农村学校没有土地资源，缺乏资金保障，又面临安全问题，再加上家长和学生普遍担心劳动教育会占用学习时间，实施难度大。有校长认为，比起劳动技能的缺失，更让人忧心的是由于隔代教养，农村学生容易养成“衣来伸手，饭来张口”的不良习惯，以及产生不懂得孝亲敬老的价值观错位问题。

事实上，农村学校难以有效开展劳动教育，既有上述提到的来自家庭方面的原因，也受师资力量薄弱等影响。与此同时，一些校长缺少对创造性劳动教育内涵及其重要性的充分认识，劳动教育创新能力不足，也是其难以有效开展的重要因素。

首先，隔代教养阻碍了创造性劳动教育的开展。城镇化进程下，一方面，隔代教养带来了父母家庭教育的失责，外出务工的父母无法及时矫正孩子的不良行为，另一方面，父母由于心存愧疚，在金钱方面最大限度地满足孩子的要求。不正确的金钱观和消费观，容易造成孩子不懂得金钱是通过劳动获得的。父母的缺位，长辈的纵容，长此以往，将使农村孩子缺乏劳动意识。

其次，一些农村学校应试观念根深蒂固，在课程设置上以应试为首要考量因素，过分关注考试和分数，仅仅注重知识的灌输。升学压力导致学生分数至上，一切与考试无关的课程都进入选修甚至不修的境地，劳动教育陷入“可做可不做”的边缘地带。

随着时代的发展以及社会职业形态的多重变革，那种有意无意将农村劳动

① 本部分内容详见宁本涛. 融合创新让劳动教育更具生命力[N]. 中国教育报，2021-3-24.

教育等同于二十世纪五六十年代“学工、学农”的思想与实践，已经无法适应当前实际，必须重新认识新时代农村创造性劳动和创造性劳动教育的内涵、外延和深意。

教育部印发的《大中小学劳动教育指导纲要(试行)》指出，劳动教育是发挥劳动的育人功能，对学生进行热爱劳动、热爱劳动人民的教育活动。当下，农村学校的劳动教育如果简单地停留在体力劳动和机械劳动上，势必会使农村学生视劳动为苦差，产生排斥心理。

在未来，创造性劳动正逐渐取代重复性劳动，劳动教育应突破传统认知，整合劳动教育资源，更加注重培养创造性思维和解决问题的能力。由此，由劳动生产转向劳动创造是时代发展的必然趋势。

农村劳动教育的有效开展，绝不是多加一门劳动课，或者仅仅让学生进行形式化的劳动活动那么简单，而是应以创新性的劳动教育方式，使劳动教育获得真正成效。变革的起点，首先应明晰农村学生的全面发展需要什么样的劳动教育，以及农村学校如何突破时空限制，更好地协同家庭、社会的力量，实施深层次的劳动教育。

以郑州市管城回族区南曹小学“农耕劳动教育”为例，学校周边不仅有大片农田、果园，也有工业园区，这使得学校在开展多层次、多领域、多主体的劳动教育方面有着天然的优势。学校立足创造性劳动教育，以“一育”牵“四育”，设计了以劳树德、以劳增智、以劳强体和以劳育美的课程内容，通过跨学科、跨场所、跨主体、跨行业来培育学生的劳动素养，开展契合学生实际和时代特征的劳动教育活动，推动理念、知识、技能等方面的深度融合，协调体力劳动、脑力劳动、情感劳动三维共进，有效促进了学生身心全面发展和人格健全。

以往我们在探讨劳动教育对农村学生的重要性时，往往重视的是劳动道德、劳动认知。事实上，在进行劳动教育课程设计时，如果仅仅从学生劳动认知入手，很难起到应有的效果。应从实际出发，让学生在具体的劳动实践中感受劳动的乐趣，从日常生活出发，对学生进行体验式的劳动教育。无论是学校教育中的劳动教育，还是家庭日常劳动或者社会服务，均要在课程设计、教学设计与实施方面以劳成人，生长出教育的价值意蕴，同时又要结合学生发展需求和资源条件，使劳动教育走向整合性的实践路径。

总之，有劳动未必有真教育，校长们要摒弃等靠要的思想，从细微处入手，引导和激励农村孩子自己的事情自己做，生产的事情学着做，公益的劳动争着做，创新性劳动尝试做，审美的劳动乐着做，最终让农村学生的劳动教育价值观更加全面。还要协调好家庭、学校、社会的关系，使得劳动教育启蒙于家庭，强化于学校，泛化于社会，实现劳动教育与德育、智育、美育、体育的有机整合和融合共生。我们应该明晰，劳动教育本身产生于时代背景中人的发展的需要，在农村劳动教育目的层面上，应回归到“以劳促智、以劳树德、以劳健体、以劳育美”的层面上来，使五育之间相互渗透、相互融合，从而促进人的全方位发展。

余　论

知识分子“农民化”的再审视

民国时期，在教育救国思潮席卷思想界的情况下，教育受到空前的重视，一方面希望通过教育学习西方先进的科学技术（夷之长技）以强国，另一方面希望培养出有着民主意识、科学知识和艺术趣味的新国民以立国，从而实现国富民强。在时代的要求下，救亡图存成为当时的最强音，有志之士无私忘我地投入教育救国的运动中，那是一个有着高尚情怀的充满诗意的时代，正如陶行知在给李楚材的《破晓》作的序中所言：

在这里面你可以看出一个一贯的人生观。这个人生观是什么？不是别的，是诗。充满晓庄的只是诗——诗的神，诗的人，诗的事，诗的物。晓庄是一部永远不会完稿的诗集。他不是个学校，若拿个学校的名目来找晓庄，一定要迷路、失望。如果硬要派他算个学校，他最多只能承认是个诗的学校。可是要拿五言、七言、古诗、律诗、白话诗这些名目去找晓庄，又要迷路、失望了。他所有的是“诗生活”“生活诗”。除了这种诗以外，他别无长物。只有诗能说明晓庄生活的一切。[①]

这些心中充溢着诗意追求的有志之士投身于教育救国的热潮，投身于乡村教育运动。在教育救国的主旋律下，教育备受推崇，中国开展了轰轰烈烈的乡村教育运动。晏阳初在河北定县搞乡村教育试验，陶行知在南京晓庄举办乡村师范学校，教育家们抱着责无旁贷的热情开展了教育救国的实验。乡村学校成为

① 李定开.为中国教育寻觅曙光(上)[M].成都:四川教育出版社,1989:274-275.

乡村社会的中心，乡村教师成为乡村改造的领导者。国家兴亡系于教育和知识分子，国家和民众对教育的重视、对知识分子的尊重达到空前的程度。

知识分子对自己有着矛盾的心态，一方面怀着崇高的无私的情怀和宗教般的狂热，把自己看作救世者，认为自己是众人之师和道德典范，“今所谓知识分子，便是从前所谓念书人。……他是代表理性，维持社会的。其在社会中的地位是众人之师，负有领导教化之责”①。另一方面却看低自己，把不从事生产劳动的自己看作社会的消耗者，认为自己不生产价值，还要消耗农民创造的物质财富，梁漱溟的思想可以作为代表，“所有的知识分子是靠农民血汗供养的”，认为他们应该到农村去用他们的现代知识偿还欠下的这笔账。② 救世的知识分子要到农村去偿还欠下的农民的账，这种心态下的知识分子对于农民，是舍生忘死的，无私忘我的。

知识分子对于农民的心态也是矛盾的，一方面认为农民是社会财富的创造者，值得尊重，甚至是神圣的，当时流行劳工神圣的思想；另一方面又认为农民愚、贫、弱、私，需要改造。

在这样的矛盾心态下，当时知识分子提出了“化农民，农民化”的口号。知识分子和农民的关系问题成为当时的一个重大时代命题。当时乡村教育救国论的基本逻辑是救国主要是救农，救农主要是知识分子化农民，化农民首先是知识分子农民化。关于知识分子和农民的关系问题，美国学者艾恺在《最后的儒家——梁漱溟与中国现代化的两难》一书中单独开列一章“士与农民”讨论此问题。农民被化，知识分子自化，两者都要化，化到什么程度才能达到救国的目标呢？梁漱溟说：“革命的知识分子下到乡间去，与乡间人又接近而浑融。……我们自始至终，不过是要使乡间人磨砺变化革命知识分子，使革命知识分子转移变化乡间人，最后二者没有分别了，中国问题就算解决。”③通过“农民化，化农民”达到知识分子和农民没有分别，就达到救国的目标了。

在“农民化，化农民”过程中，知识分子是非常积极的，知识分子为了化农民，

---

① 艾恺. 最后的儒家——梁漱溟与中国现代化的两难[M]. 王宗昱，冀建中，译. 南京：江苏人民出版社，2011：145.

② 艾恺. 最后的儒家——梁漱溟与中国现代化的两难[M]. 王宗昱，冀建中，译. 南京：江苏人民出版社，2011：145.

③ 艾恺. 最后的儒家——梁漱溟与中国现代化的两难[M]. 王宗昱，冀建中，译. 南京：江苏人民出版社 2011：144.

追求自身的农民化。这种农民化，是知识分子自身追求的农民化，并非他人要求或者社会期待的被迫的行为，是知识分子自悟自觉的行为。知识分子为达到农民化，从穿着、行为到语言等都追求农民化。晓庄学校的师生穿草鞋、短裤、戴草帽，在农事作业时，赤膊，一身汗一身泥地干活，他们的校歌是反映劳动生活的用当地山歌调子填写的《锄头舞歌》，他们跳的舞是有着农民色彩的《蓑衣舞》，"晓庄的歌，现在已有十余种，舞当然随着歌而变化和增多起来。不过这都是田野之曲、田野之歌、田野之舞，并不能在悠扬的钢琴声中，华丽的跳舞厅里开演的，只能在农隙工罢，或者携着锄头，执着镰刀，挟着锯斧，一面唱起来，一面便舞起来了。都市里的官、绅、商、公子、老爷，以及太太、奶奶、小姐等要寻快乐，乡下人也应当作乐一下。自然其中总有些不同的所在"①。他们的体育比赛也具有农民特点，挑粪比赛、耕牛比赛等，陶行知的诗歌也是具有平民气息的白话诗。

"农民化，化农民"，知识分子是快速农民化了，化农民也有初步的效果，比如，在燕子矶小学师生多次打扫街道卫生的行为带动下，燕子矶镇上的农民比以前讲究卫生了，不再乱倒垃圾了；在晓庄师生的努力下，赌博和吸鸦片的人数减少了，但化农民远比农民化的速度要慢得多。如果不是因为战争，也许乡村教育能有更为显著的效果，因为教育对社会的改造不是疾风骤雨似的，它是一个渐变的过程。在改革开放后，丹麦学者曹诗弟到山东邹平做田野调查发现，邹平人口的受教育程度高于周围的县市，在全国都是高的，这说明当年梁漱溟的乡村建设的成效是有的，而且影响深远。

其实，这里有一个问题，要化农民，知识分子是不是需要农民化。农民化了的知识分子是不是就有利于化农民？这是个值得探究的问题。

再者，当时对于知识分子的评价是褊狭的，只从是否生产物质产品上来评判知识分子对于社会的价值，忽视了知识本身的价值，没有看到非物质的知识对于社会的作用。知识分子过低估计了自身的社会价值。

从当时流行的"把学习的学校变成劳作的学校"说法和做法，都可以看到对知识的轻视，对产生实际物质的体力劳动的推崇。这是对历史上"万般皆下品，唯有读书高"的反叛，是"五四"时期反传统思潮在教育中的体现。

① 李定开．为中国教育寻觅曙光(上)[M]．成都：四川教育出版社，1989：346．